U0498788

中国商业文化简史

李强 著

商务印书馆
The Commercial Press

商务印书馆（上海）有限公司　出品
The Commercial Press（Shanghai）Co.Ltd

目录
Contents

第一讲
当我们谈论"文化"时，我们在谈什么？

　　自打 2005 年开始从事历史文化教学工作以来，笔者一直对中国古代商业和商人抱有浓厚的研究兴趣。十几年来，除了开设"中国文化史""西方文化史""中西文化专题"等系列通识课程外，还专门为商科大学生开设"中国商业史""商业文化"等专业课程，也曾多次应邀为企业员工做企业文化方面的培训。笔者坚信，一所没有商业文化研究积累的商科大学，算不上一所有内涵的商科大学，更谈不上建设"一流大学"；一家缺乏人文关怀、没有企业文化的公司，无论现在生意做得多大、多红火，最终也不可能走得太远。在教学、培训的过程中，笔者发现商科大学生和商务人士对"商业文化"有较强的认知需求——越是常与大量金钱打交道的人，越对文化有更高层次的渴求。比较遗憾的是，坊间缺少一部体量适中、深入浅出的商业文化史读本，而出自各路"大神"之手的商人传记，又往往考证不精、胡写乱道。笔者 2015 年完成《红尘匹马长安道：中国商人往事》的写作后，即开始着手整理自己"商业文化"通识课的讲义，打算撰写出一部适合普通读者阅读的《中国商业文化简史》。既曰"简史"，则必定不可能面面俱到，笔者只是择其大概简要介绍而已。全书共分九讲，前六讲是我在商业史通识课上的讲课内容,写入本书时也基本保持课堂讲授的原貌,希望能让读者在较短的时间里对中国商业文化的发展脉络有个大体了解。后三讲由我的三篇专题论文改写而来,涉及范蠡、李白和欧阳修三个历史名人,从不同角度观察其所生活时代的商业思想与消费状况。这部小册子既然是有关"文化"的"简史",那我们开篇就从"文化"谈起吧!不把"文化"这个词掰扯明白了,谈"商业文化"很容易迷失方向。

　　每次给新入学的大学生上课,我都喜欢把老师当年传授给我的做学问法门,再郑重地传授给我的学生做"见面礼"。这其实就是两句话,我一直铭记在心。第一句是"入门须正,立志须高"。这句话虽然看起来不过是老生常谈,但的确决定着诸位数年大学生涯的价值。"入门须正",即要守住初心、不投机取巧、不走旁门左道,一步一个脚印,把这大学几年的求学生涯过踏实了;"立志须高",即做好自己的人生规划,正确认识大学教育的本质,认识自己大学生活的使命:你是在大学里建"圈子"、搭"人脉"、考一大堆各种证书、练好自己各项职业技能,还是艰苦奋斗、坚持理想、追求真知,以遇见那个最美的自己?这简简单单的八个字,其实决定了你今后人生的大格局、大境界。第二句也很重要,"把复杂的问题简单化,把简单的问题复杂化"。这句话打眼一看似无道理,但其实也颇能道出学术研究的真谛。能够洞彻于现象与本质之间,把看似复杂的问题简单化,深入浅出、一剑封喉,无招胜有招;透过看似简单的表象体会宇宙真知、大道之行,像老子那样,通过一棵小草、一滴水悟出人生之真谛——"柔弱胜刚强""上善若水",这正是做学问的最高境界啊!如果我们真能在大学里学到这个本事,才不枉象牙塔中的面壁苦读,才不虚度人生中最美好的一段青春年华!记下这两句话后,我们就开始这次"文化简史"的小小旅程,先尝试着把"文化"这一简单的词汇复杂化,"打破沙锅问到底",看看会有什么有趣的发现。

一、从"物相杂"到孔子的"斯文"

"文化"如今是个很时髦的词汇。"仓廪实而知礼节",当我们的经济发展到较高程度,走到世界哪个角落都会给人留下"买买买"的印象时,"文化"自然而然地成为影响我们进一步自我提升的关键因素。近些年来,市面上各种"国学"培训机构遍地开花,各路"国学大师"如雨后春笋般冒出头来,穿一件马褂就敢登场上台讲述中华上下五千年,甚至有"妖孽师太"硬是把几百年前的"贞节牌坊"从坟墓里扒拉出来,死抱着它站在某大学讲台宣扬什么"女德"。在笔者看来,出现这种魑魅魍魉、乌烟瘴气并不可怕,"国学大师"再假倒也比"营销大师""鸡汤大厨"更可爱些,他们有市场说明大众对文化知识有迫切的需求,几只苍蝇、蚊子挡不住我们中华文化伟大复兴的脚步。正缘于此,我们更有必要认真谈谈"文化"这回事。可是当我们讨论"文化"时,究竟在谈些什么呢? 是"礼义廉耻"还是"贞节牌坊"? 是"天人合一"还是"葵花宝典"? "文化"其实是个复杂的概念,这本小册子所有的篇幅都来讨论它也未必够用。笔者在这里尝试采用最简单的办法,先来探究一下"文化"的字面意义。

"文化"的"文"究竟是什么意思呢? 其实"文"的本义是指各色交错的"纹理",你把它理解成各种花纹也是可以的。甲骨文中"文"字就像正面站立的人,胸口有一个交错的图案。这个图案可能是指文身,有的原始部落相信在身体上文特殊的图案,可以获得额外的能力。当然也有可能指衣服上的花纹,先民们的审美意识还不成熟,就算是衣服上的花纹,也不会纯粹是为了自己臭美、看着喜欢,而多半是某种权力、地位的象征。无论哪种意思，都强调"文"与图案有密切的关联，这应该是"文"最初的意思。其实当时的"文"虽然与图案有关，但多半不像美术作品那样讲究线条、比例、颜色、透视关系等，而是强调"杂"。《易·系辞下》里就这样写道："物相杂，故曰文。"《说文解字》里也说："文，错画也，象交文。"这是什么意思呢？大约就是指不同的形状或颜色混合在一起。最原初的"文"也许是大自然无意形成的。"风乍起，吹皱一池春水"，这湖面细细的波纹是不是"文"？这是"文"。"浓绿万枝红一点，动人春色不须多"，火红的石榴花点缀在浓郁的绿叶中，这是不是"文"？这也是文。这是我们说的"文"的第一个意思。

"文"的第二个意思是承接第一个意思而来的。石榴花也好，小池春水也好，所谓的"文"总能引起观赏者的愉悦感，这其实也是"文"的一个重要价值取向。自然界中由"杂"和"错画"形成的图案浩若烟海，它们未必都能成为古人视野中的"文"，而得到古人青睐的"文"，其实多半是那些看着顺眼的，或者至少是看着不讨厌的。研读古人留下的文字资料，我们发现古人在凝视某事物外在的"文"时，往往会引发对此事物内在价值的认同，我们认识"文"的本源意义时，一定要注意把握这一层面的含义。由此在古人的话语中，"文"除了让人视觉感知到美好的"杂""错画"之外，还引申出一个与之相关的重要意义，即对自己心灵的修养，从而使自己体现出高尚、优雅的品格。这个专指人心灵修养的"文"，恰好可以与"质"相搭配，指人之所以为人的两种不同的要素。《论语·雍也》里这样写道：

> 子曰："质胜文则野，文胜质则史。文质彬彬，然后君子。"

孔子说，一个人如果质朴胜过了文采，则像一个乡间的野人，啥都不懂；如果他的文采胜过了质朴，则像是衙门里掌管文书工作的人员，整天板着面孔，乏味得很。只有质朴和文采搭配均匀、两相适宜，才是一个"君子"啊！"文质彬彬"，这里"彬彬"的意思是"物相杂"而"适均"之意。"君子"指道德高尚、有修养、"素质高"的人，古人觉得读书修身能做到"君子"的程度，那是非常不错的了。如何才能达到"君子"的标准呢？第一个条件是"质"，"质"是"质朴"之意，进一步引申为人区别于其他物种的天然"内在"，这种"内在"是不可能由后天修养而成的，说起来大约与遗传基因有关。第二个条件就是"文"，指人通过后天的修养，知书达理、明辨是非，行为合乎礼仪制度、伦理纲常。"文"虽然与"质"含义不同，但二者相辅相成，对一个道德高尚的人来说，二者缺一不可。如果一个人既有仁德善良的强大内心，行为举止又符合礼仪制度要求，在孔子看来，这样就可以算是一个"君子"了。举个例子，北京大学曾经有一只"网红"猫咪，此猫多年来混迹于各个教室，貌似认真地听了不少名师的课程，被戏称为"学霸猫"。不过就算它听再多的课，也还是只普通的小型猫科动物，无法"文"起来——它缺乏成为高尚、仁德之人的那种"质"，那种人类特有的基因。反过来呢，如果只有人之"质"，却不愿接受"文"的熏陶，放任自流、争名逐利，别说当不成"君子"了，恐怕连普通的人也做不成，比如说那些电信骗子、"女德大师"，其实还不如一只安静的猫咪对社会有贡献，白白浪费了一副人的好皮囊。

"文"除了与"质"相辅相成，构成"君子"的两大质素外，其实还有一个我们很熟悉的意思，是指包括语言文字在内的各种象征符号，进而具体化为以这种符号为记录载体的文物典籍、礼乐制度等。我们或许疑惑，那"文字"与"制度"怎么就"进而"产生联系了？其实这种"进而"在古人看来是不言自明、水到渠成的。原来在中国春秋时代之前，学习、使用文字是一门专业化程度很高的职业，普通老百姓是不具备这项特殊技能的。文字最初主要服务于政治生活，其用来表达思想情感、描绘文学想象，成为文学记录和传播的主要载体，说起来还是比较晚近的事情。《论语·子罕》有这样一段记载：

> 子畏于匡，曰："文王既没，文不在兹乎？天之将丧斯文也，后死者不得与于斯文也；天之未丧斯文也，匡人其如予何？"

这里讲的是孔子当年被匡人围困时发生的事情。孔子这次遇险与他的长相有关。根据《庄子》《墨子》《荀子》《史记》等书籍的记载，再佐证以秦汉时代的石刻等材料，我们基本可以断定，孔子确实长得不够帅。但这次他在匡地倒霉其实并不是因为长得不好看，而是他不幸与一个叫阳虎的人"撞脸"了。阳虎是鲁国的实权派，他曾经压榨、欺凌过匡地百姓，匡人恨之入骨，错把孔子认成阳虎了。当时的情形十分危险，刀都要砍到脖子上了。但孔子怕吗？不怕。孔子非常自信，"文不在兹乎"。周公留下的礼乐制度、人群大道所寄正在于此，我是要传之久远的，这是我秉承上天早已做好的安排。难道"天之将丧斯文"吗？如果真是那样的话，无所不知、无所不晓的"天"怎么会把"斯文"传给我呢？上天既然给了我传承"斯文"的使命，则区区匡地的几个老百姓又能把我怎么样？

孔子在这段话里说到的"斯文"之"文"，显然不是指文字，而是指周公所作的礼乐制度。在孔子看来，礼乐制度是维系周朝宗法社会正常运转的重要法宝。现在我们再回过头来看看"文化"之"文"，从事物外在的"错画"，到心灵的装点修饰，再到文字符号、典籍制度，看似一个简简单单的、我们再熟悉不过的字，却有着如此深厚的文化内涵。

二、庄子的"鲲"与"大鹏"

接下来我们谈谈"文化"中的"化"有怎样的来头。其实细细琢磨起来，这个"化"也算得上是一个熟悉的陌生字。说熟悉，是因为我们总是能望文生义，先知先觉地界定了"化"的意思，而且在现代汉语中，它依然很有流行度，比如"自动化""智能化""边缘化"等。似乎什么事物一沾上"化"字，一下子就有了一种万水朝宗的趋势，成为一种势不可当的潮流。说它陌生，是因为如果我们真要溯本探源了解文化之"化"的内涵，却发现居然不认识它了，好像"文化"生来就是一个单纯词，如果拆开了，它的意思也就迷失了。事实果真是这样的吗？我们再次尝试把简单的问题复杂化一点，去中国文化的老根上找找"化"字的印记。

在中国的古代典籍中，"化"字独用的情况比较多，大部分是做动词使用，最初的意思为改易、生成、造化等。从字面意思上看，"化"似乎只是强调事物形态或者性质的改变——一种东西消失了、转变了，成为另外一种东西了，无所谓好，也无所谓坏。"化"有"改变"的意思的确不假，古籍中能找出大量的语料案例。不过仔细推敲下来，我们发现古人使用"化"字时经常有明显的价值倾向，如果出现这种使用方式，则"化"绝非一般意义上的"改变"，而有着明确的指向意义。那么"化"具体指向什么呢？我们来看《老子》第三十七章：

> 道常无为而无不为。侯王若能守之，万物将自化。化而欲作，吾将镇之以无名之朴。无名之朴，夫亦将无欲。不欲以静，天下将自正。

　　这段文字是我们了解老子"无为"思想的钥匙，大意是说"道"总是自然而然，看着啥事儿也不做，但其实万事万物没有不是它所为的。如果那些上位者能持守"道"，则天下万物就会自生自长，用不着他们去把心操碎。"化而欲作"，明明已经自生自长好了却有了各种贪欲，那该怎么办呢？那就用"道"的真朴去安定它，这样各种贪欲就消失了，"不欲以静"，这世界又一切安好了。关于这一段的解释众说纷纭，笔者也是择其一端而已，我们暂不去推究这《老子》第三十七章的真正内涵，只重点关注一下"万物将自化"的"化"。这里的"化"是什么意思呢？显然指"万物"的一种正常发展状态，不需外物干扰，就这样按其本身自有的习性生长、发展，该晒太阳就晒太阳，该喝水就喝水，该起身劳作就起身劳作，该关灯睡觉就关灯睡觉。"化"是一种动态过程，并不是结果，在这样一个"化"的过程中，看似无为，其实却恰恰是守道的最高境界，那些王侯们一定要好好学习。

　　老子显然很欣赏这种"自化"的过程，他甚至认为这才是人类社会的最佳状态。他在《老子》第五十七章里更是借"圣人"之口说道："我无为，而民自化；我好静，而民自正；我无事，而民自富；我无欲，而民自朴。""民自化"，按老子思想来看，其实与万物"自化"是一样的，这里指百姓过上自足自适的日子，这是老子所喜欢的社会形态。那与之相反，什么样的社会形态是"不化"的呢？统治者自以为是、瞎折腾，百姓争名夺利、揠苗助长，这是老子所不喜欢的。两相比较，自然是"化"比"不化"要好得多，那么在老子这里，"化"虽然不像儒家所秉持的那样有着强大的道德意义，但总归有着明显的正向价值判断。

　　庄子是老子思想最重要的继承者和发扬者，人们历来喜欢"老庄"并称。庄子在他的著作里也谈到了"化"，非常值得我们研读、推究。《逍遥游》是庄子一篇著名的文章，特别受后世读书人的喜欢。记得上大学时,笔者宿舍没有空调,酷暑难耐时,静心读庄子的《逍遥游》和柳宗元的《小石潭记》各一过,的确能有遍体生凉的感觉。古典文学作品如何影响当下日常生活,其实是个很好玩的话题,不过这里无暇细谈,我们还是来看看《逍遥游》开头这一段文字:

> 北冥有鱼,其名为鲲。鲲之大,不知其几千里也;化而为鸟,其名为鹏。鹏之背,不知其几千里也;怒而飞,其翼若垂天之云。

在那遥远的北方大海里,有一条叫"鲲"的大鱼。这"鲲"太大了,身长居然不知有几千里。大鱼"化"成了一只大鸟叫作"鹏","鹏"也是大得不得了,它的脊背竟有数千里那么宽广,一旦飞起来,那张开的翅膀好像遮住天空的云彩一样。庄子生活的年代是先秦,彼时的人们还远远不懂得什么"进化论",不过《逍遥游》开头这段脍炙人口的描述,却无意间揭示了一个生命演进的过程:最初的生命形式存在于水中,然后由水中逐步进化到陆上。庄子笔下的"鲲"和"鹏"虽然都大得不得了,但从生物学的角度来看,二者却代表着不同层级的生命形式,鸟类显然高于鱼类。由"鲲"而变成"鹏",不仅仅是形体、外貌的变化,更重要的是其生命的内质发生了改变。根据庄子《逍遥游》里的书写逻辑,他强调的也是不同生命形式的演进,而且这种演进似乎特别强调由低级向高级转变,由不完善、不完美,向更加完善、更加完美转变。正是这种意义上的"转变",庄子用了"化"字。由此观之,庄子"化"的内涵已经比老子之"化"更拓展了一步,与儒家之"化"有了某种隐约的联系。

庄子的"鲲"化成了"鹏",物种形态由低级向高级转变。到了儒家的言说系统中，"化"字更是有了教行迁善之意，进而可用来指改善人心和社会风俗。如《易·乾》里说的"善世而不伐，德博而化"，意思即好的世道，或者说所谓的"太平盛世"，统治者是不必通过战争手段来征服别人的，那靠什么手段呢？就是用自己高尚的德行来"化"那些不服从的人，从而使那些"化外之民"能改变自己，一心向善，自愿地前来接受统治者的领导。明末清初顾炎武《郡县论》里有一句话笔者特别欣赏："化天下之士使之不竞于功名，王治之大者也。"一个什么样的社会是值得称道、值得珍惜的好社会呢？那就是天下的读书人都提高了自己的思想境界，不一门心思想着升官发财、争名夺利，那才是真正的"太平盛世"呢！怎样才能达到这样的理想时代呢？"化天下之士"，这里用的依然是这个"化"字。儒家言说系统中的"化"更强调外在干预对事物的正向影响，这一字义解释在后世也渐渐成了"化"的主流解释。在古人的言说中，"化"虽然也不乏变化、改变，甚至消失之意，但这种变化往往会更强调一种"质变"，而且有着比较固定的指向性，是奔着更高级、更完美的方向去改变的。理解了这一点，我们在使用"文化"这一概念时，是不是应该更多一份敬畏和谨慎呢？

三、"八卦"一下"文化"

做学问最忌人云亦云、好走捷径。现在网络技术发达了，据说国外有家公司已经研制成功通过 USB 接口将人脑和计算机相连接。如果那是真的的话，对诸多讨厌学习、痛恨考试的学生而言可算是天大的福音，他们再也不必在考前点灯熬油、"临时抱佛脚"了。但笔者始终坚信，生活上或可追求事半功倍、删繁就简，但思想上却必须要筚路蓝缕、披荆斩棘。笔者课堂上有时候讲到某个问题，会有学生即时上网查询，质疑我的说法与网上答案不同。这个时候我总是语重心长地告诉他，网络搜索出来的知识一定程度上可以构成我们的认知边界，大学学习要做的恰恰是不断突破这个边界，构建出新的认知边界，然后再不断地突破，或者你足够智慧，留下你划定的边界让更聪明的学弟、学妹去突破。我们当然可以通过各种检索手段去了解"文化"的内涵，但如果不是像我刚才所做的那样，把简单的问题复杂化，把这个词掰开了、揉碎了，去探寻其产生之初的蛛丝马迹，我们是不可能深刻理解"文化"这个既熟悉又陌生的词语的。

正像我们刚才讲过的，"文"有"文"的意思，"化"有"化"的内涵，这两个字何时凑到一起成了"一家人"的呢？据目前所见的典籍，最早把"文"和"化"联系在一起讨论的，是战国末年儒生编辑的《易·贲卦·象传》。在没有发明可用来书写文字的纸张之前，古人要表达和传播思想是一件非常麻烦的事情，因此年代越古老，留下的文字材料越少。另外不知出于何种考虑，古人坚信少说话多做事才是美德，能不写书就不写书——《老子》五千言，据说是老子被逼无奈才留下来的；反映孔子主要思想追求的《论语》，其实是他一大堆徒子徒孙反复讨论整理出来的"课堂笔记"，也不是他老人家自己写的。就算留下来的著述也往往惜字如金，特别是后人称为"经"的古典作品，往往几个字就蕴藏着高深莫测的思想内涵。这样的"经"后人多半是看不太懂的，于是需要一些有学问的人来解释"经"到底表达了什么意思，这些解释"经"的文字就被称为"传"。所谓"象传"，即解释六十四卦卦名、卦辞意义的文字，我们这里要引用的就是对"贲"这一卦的解释。我们说"八卦"一下文化，真的不是信口胡说，最早讨论"文化"的文字的确与八卦有关。我们先看看"贲卦"是什么样子：

贲卦

"贲卦"下卦为离,离为日,天文也;上卦为艮,艮为石,地文也。古人认为此卦象天地二文相饰,"刚柔杂,仁义合,然后嘉会礼通";此卦的爻辞为"亨,小利有攸往",算得上是不错的一卦了。古人是怎样得出这个结论的呢?笔者不是"易学大师",自然不敢信口开河。我们看看贲卦的象传是怎么说的吧:

> 贲,亨。柔来而文刚,故亨。分,刚上而文柔,故"小利有攸往"。刚柔交错,天文也;文明以止,人文也。观乎天文,以察时变;观乎人文,以化成天下。

自然界各种错综复杂的现象,可以叫作"天文",而人类言行举止、外表体态要很得体,知道什么该做,什么不应该做,再加上维护这一套秩序规则的礼乐制度,就是所谓的"人文"。观察自然界的各种现象,才能知道时令节气的变化,便于在生产或生活中顺应天时,及时做出相应的调整;而细察人类的各种美好的风尚和精神,用以教导百姓,即用这些高尚美好的德行去影响人、感化人、塑造人,让普通人的精神境界得到提升,这个世界也就成了一个更加美好的世界。在这段论述里,"人文"既是资源也是目标,"化"是实现目标的途径,而"天下"则是"化成"的对象。虽然这里"文"与"化"

并没有合成一个单独的词汇，但它的确是我们老祖宗讨论"文"和"化"之间关系的最早记录，可谓对"文化"一词最古老、最权威的解释。

厘清了"文化"本义，有助于我们更好地研究历史上的各种文化现象，当然也包括我们这本书要讨论的"商业文化"。坊间有关文化的研究论著车载斗量，各路"文化学者"对"文化"一词的解读也五花八门，再加上从国外那里贩卖过来的概念，"文化"的说法据说有数百上千之多。本书只不过是部薄薄的文化史读本，笔者无意抛出个概念以自高，只是为普通读者总结了以下四条比较常见的"文化"含义，这也算是目前对"文化"一词的主流解释。

第一，"文化"指的是"文治教化"。这其实正是"文化"最古老的含义，当它具备这个意义时是动词，即"以文化之"。汉朝刘向在他的《说苑·指武》里写道："凡武之兴，为不服也，文化不改，然后加诛。"不少人认为这条材料才是"文化"一词在汉语言里第一次出现，就目前掌握的证据来看，这种说法是成立的。这句话体现了中国传统的文化精神和政治理想。中华民族是爱好和平的民族，中华文化绵延五千年，成为世界上少有的能从古代维持到当下的文明，我们靠的并不是长枪利剑、盖世武功，而恰恰是一种相对温和、坚韧的文化策略。有各种暴乱分子不断地给中央政权制造麻烦，那他们是"不服"啊！"不服"怎么办？正是"以文化之"，这个"化之"的动作是对"不服者"诉诸武力前的最后通牒。经过这样一个"文化"过程，这些坏分子如果仍不改弦更张、弃武投降，那么中央政权就自动获得使用武力的许可，开始采用"加诛"这种最严厉的终极手段——这里的"诛"强调的是武力介入，倒不一定是非要了对方的性命不可。

第二，"文化"是指人们已掌握的或多或少的知识。这种知识是人类在发展过程中不断发现、创造和累积而成的，比较直观的表现是或娴熟或笨拙驾驭文字的能力。"文化"这一层面的意思在当下最为流行，使用最为广泛。我们填写各种表格，除了姓名、性别和年龄外，往往还要填写"文化程度"一栏。"文化程度"是一个很有意思的填空，考察不同年代人们所填的"文化程度"，简直可称得上见证了中国教育事业的发展历程。20 世纪 50 年代，这一栏填上"高小"，那铁定就是"文化人"的标签；六七十年代，"初中"算是不错了，在农村当个大队会计应该是没有任何问题的，如果在城里的工厂，大小也要安排个"干部"岗位；80 年代，虽然高考已经恢复，但大学生还是"稀有动物"，在笔者老家那样的小县城里，每年倒是能考出百八十个大学生，却很少有毕业后回老家工作的。彼时拥有一份高中文凭就算是比较"有文化"了；如今研究生学历拥有者满天飞，"文化程度"这一栏不填个硕士、博士，几乎算不上一个"有文化"的人。可惜的是，"文化"和"知识"剥离、脱节的现象也愈发严重，高学历者日增月积，这一群体中"没文化"者所占的比例却越来越高，这倒是一个值得我们关注的问题。

第三，"文化"是指人们在较长历史时段里所创造的物质财富和精神财富的总和。在这个意义上讨论的"文化"，通常被称为"大文化"。既然有"大文化"这一说法，那是不是会相应地有"小文化"呢？的确是有的，所谓"小文化"是指"大文化"中某一特定的部分，通常是指精神创造活动及其创造结果的部分，也就是所谓的"精神文化"。《辞海》是这样解释"小文化"（狭义文化）的："指精神生产能力和精神产品，包括一切社会意识形态：自然科学、技术科学、社会意识形态。有时又专指教育、科学、文学、艺术、卫生、体育等方面的知识和设施。"这个定义比较周全但也实在干巴，我们举个例子来说吧。一座故宫就那样杵在北京城，它是不是文化？它当然是文化，它雄伟的建筑、精美的雕刻，这些属于物质文化。这座建筑所反映出来的制度内容，比如所谓"九五之制"、建筑风水这些附着在物质背后的建筑思想、哲学取向、政治理念等，就属于"小文化"的范畴了。不过值得注意的是，大、小文化有时候相辅相成、血肉相连，不那么好区分，《辞海》的解释里加上"有时又专指"这样的话，也是没办法的事情。

"文化"还有一个重要的义项，即考古学上的专用术语，这算是"文化"第四个常见的意思。考古学上的"文化"是指同一历史时期古人所留下遗迹、遗物的综合体。同一时段的古人使用着大体相同的工具，拥有同样的生产技术等，考古学上将他们的遗物、遗迹视为同一种文化的表征，比如我们所熟悉的"仰韶文化""大汶口文化""龙山文化"等。这里所说的"文化"，与我们这部小册子所要讨论的"文化"完全不是一回事儿，这里仅是立此存照，让读者稍微了解一下有关文化的各种背景知识罢了。

以上是我们对"文化"概念进行的考察。笔者之所以不厌其烦、絮絮叨叨讲了这么多，其实最想表达的重点是，"文化"作为数千年历史积淀的精华，它是教人向真、向善、向美的力量。林子大了什么鸟都有，年岁久了啥人也能遇见，历史上当然也有些教人向假、向恶、向丑的力量在。在一些特殊时期，这种反人文的力量可能还会很强大，甚至也会历经数千年岁月淘洗，依然在我们内心或社会某个犄角旮旯里存在，这些玩意儿算不算"文化"？当然不算。社会上有那么一股歪风，恶俗化、庸俗化"文化"这一"高大上"的事物。比如有所谓学者借助媒体大肆宣扬所谓"官场文化""官商文化"，坊间曾有关于"虐食文化""酷刑文化"等书籍出版，前些年大学校园里曾流行"课桌文化""厕所文化"等。这些乌七八糟的东西均妄称文化之名，违背了"文化"一词本身具有的正向价值，我们在学习和实践中，要彻底摒弃。这也是笔者所强调的"入门须正"，半点马虎不得。

四、"商业文化"是什么？

搞清楚了"文化"到底是什么，我们再来谈"商业文化"就感觉顺畅多了。所谓"商业文化"，简单地说即历史上那些与商业活动相关的文化现象。这个定义当然比较粗糙，其实就学术研究而言，商业文化还算不上一个完整、独立的研究对象。世界上大多数国家、民族，都有自己相对独特的商业文化，中国当然也不例外，只不过中国的商业文化附着于中国传统文化母体之上，呈现出一种别样的风采。

"商业文化"由来已久，几乎是伴随着人类第三次社会大分工产生的，但是这个词汇本身在中国出现的时间并不长，它是随着中国改革开放的伟大实践历程而逐渐被引入公共话语领域的。当时大力宣传、推广这一概念的官员、学者，大都是有情怀、有创见的人，再辅以一定的行政影响，"商业文化"一词在20世纪90年代颇为红火了一阵子。不过学术研究是漫漫长途，热得快的东西往往冷得也快。为"商业文化"摇旗呐喊的政商人士虽然有厚重的"文化"情怀，但却往往没有足够的研究实力；而象牙塔里的历史研究者对经济史、制度史抱有更大的学术兴趣，不太乐意与各路民间"文化学者""儒商"同台炫技。这样一来，"商业文化"研究陷入尴尬境地，越来越成为"商业"的附庸，与真正的学术研究渐行渐远。平心而论，由于缺乏学术积累和研究规划，近三十年来"商业文化"研究虽然取得些许成果，但真正有力度、具有重大影响的著作却并不多见。不过在笔者看来，这些都不是很大的问题，也许只有当研究对象褪去浮华与喧嚣，才是更好的介入时机。商业文化包含的内容林林总总，有制度层面的，有物质层面的，当然更重要的还是精神层面的。制度、物质层面的内容比较容易解决,已有的历史研究成果能给我们提供良好的学术支撑。笔者认为研读中国商业文化史,最值得关注的应该是核心价值观的问题,这也是所谓的"入门须正"。那么中国古代商业的核心价值观是什么呢?简单地说,包括以下几个方面的内容。

第一,"义利并举"。

商人为什么要进行经营活动?作为一种生存方式,他们的首要目的当然是为了获取更多的经济利益,绝不会是为了拯救世界、牺牲小我。这一点与当今一些大商人不同。如今颇有一批顶级大商人宣扬"裸捐",将来驾鹤西归后把所有的财产都返还社会。这些巨商已经不在乎经济利益了,他们在乎的是自己价值的实现。中国传统社会是以农业生产为主的,古代商人离开土地走上经商之路,"重利"是其必然的选择。古代商人中不乏急公好义的大善人,但做慈善并非他们经商的目的,活下去,而且活得精彩才是。古代商人的确把盈利当作首要的追求目标,我们从一些流传于民间的商业谚语中即可看出这层意思:"凡事非财难着手,一朝无粮不住兵""有钱能使鬼推磨""天下熙熙,皆为利来;天下攘攘,皆为利往""人不为己,天诛地灭""不图三分利,谁起五更早"等等。在古代文人的笔下,商人往往把利润看得高于一切。唐朝大诗人白居易的《琵琶行》里写了一个飘零江湖的京城女伎,因生活所迫嫁给了商人。但是他们的婚后生活并不幸福:"商人重利轻别离,前月浮梁买茶去。去来江口守空船,绕船月明江水寒。"商人"重利",为了赚钱而不顾家庭生活,让自己"有故事"的妻子独守空船,对着明月江水用琵琶倾吐自己内心的忧郁。

商人"重利轻别离"的习性与中国传统文化精神并不相符,这也是很长一段历史时期内,商人始终无法获得社会主流价值观认同的重要原因。这只是问题的一个方面,几千年的商业史告诉我们,虽然中国古代商人总是背负着误解、偏见、鄙视去做自己的"重利"工作,但这并不影响"重义轻利"这一核心价值观在他们心目中的地位。春秋晚期的大商人范蠡是重义轻利的,能够"三致千金再散之",他的故事中凝聚着人们对大商人的美好想象。隋唐以来的不少涉商题材的文学作品,喜欢塑造完全符合儒家最高道德标准的圣人般的商人,虽然并不能反映商人阶层的普遍价值观,但也的确暗示着"君子喻于义,小人喻于利"的儒家观念,已深深影响了商人的精神世界,使他们在做现实经营决策时,不得不考虑其道德归依:你可以"闷声大发财",你可以对各种"义"不管不顾,但你至少知道这是龌龊的,是可耻的,真正的大商人是不屑于如此的。而真正成为能泽被后世的一代巨商,必须把"重义轻利"作为自己的最高追求。为了调整与儒家主流价值观的冲突,缓解商业行为与传统文化的伦理紧张,古代商人往往也会标举"义利并举"的主张,强调不能为了利益而放弃遵守儒家基本的伦理道德。不少商业民谚也体现了这一思想,如"君子爱财,取之有道;贞妇爱色,纳之以礼""钱要正道来,莫贪无义财""血汗钱,万万年;盗来钱,一眨眼"等等。另外,即使通过合情合理的渠道获得利润,中国古代大商人也并非将这些利益视为自己当然所有,他们主张适时适量地举行慈善活动,回馈社会。有人认为这是大商人作秀,笔者却认为,这样的"秀"何乐而不为? 甚至是越多越好。

商人的"义举"必须在"利益"获取的基础上才能达成,那种完全为"义"而进行经营活动的商人,大都只存在于儒家传说和文人想象中。但即使如此,古代商人心目中依然有自己的"诗和远方",那就是"重义轻利"。作为最高的人生理想,"重义轻利"更多的是商人的思想资源,现实生活中他们能做到"义利并举"已然不易。大多数时候,中国古代商人在"利"与"义"的伦理夹缝中艰难地生存。

第二，"候时转物"。

《战国策·赵策三》有这样一段有趣的记载：

> 希写见建信君。建信君曰："文信侯之于仆也，甚无礼。秦使人来仕，仆官之丞相，爵五大夫。文信侯之于仆也，甚矣其无礼也。"希写曰："臣以为今世用事者，不如商贾。"建信君悖然曰："足下卑用事者而高商贾乎？"曰："不然。夫良商不与人争买卖之贾，而谨司时。时贱而买，虽贵已贱矣；时贵而卖，虽贱已贵矣。昔者，文王之拘于牖里，而武王羁于玉门，卒断纣之头而县于太白者，是武王之功也。今君不能与文信侯相伉以权，而责文信侯少礼，臣窃为君不取也。"

赵国政坛大佬建信君对着来访的希写发牢骚，抱怨自己遭到秦国政坛大佬吕不韦的无礼对待。希写由此发出执政者不如商人的感慨。他是怎样解说自己观点的呢？最重要的就是那句"良商不与人争买卖之贾，而谨司时。时贱而买，虽贵已贱矣；时贵而卖，虽贱已贵矣"，意思是说一个成功的商人，靠的不是在与顾客讨价还价中获取利润，而是敏锐地寻找时机，在物价大跌时购进，这样就算是当时的高价，其实也是很便宜的，而如果在货物贵的时候吃进，就算讨价还价稍得便宜，但实际上成本还是过高。希写的这段话道出古代商人重"时"的原则，聪明的商人无论买进卖出，都要依市场行情变化，不可画地为牢。

"出门看天气，买卖看行情""买马看口齿，经商看行市"。"时"不仅是个时间概念，也是个空间概念。自古经商谋生的人，必须考虑天时、地利、市场货物的余缺及其变化。最初的商人就是通过长途跋涉，来赚取地区价差以获得利益的，因此了解经营目的地的具体商业信息，对商人来说是非常重要的。《庄子·逍遥游》记载了这样一件事情："宋人资章甫而适诸越，越人断发文身，无所用之。"宋国人善于裁缝，他们拿着精心裁制的衣帽到越国去贩卖。没想到的是，越国人喜欢文身（因此对衣服的需求量低）、不留头发（因此不需要帽子），结果想发财的宋国人亏了本。这个小故事恰好反映了古人的经商理念：即使注意到了空间的不同，也要考虑当地的实际情况。赚钱要到远的地方，但并不是所有的远方都能赚钱，关键还在于因时制宜、因地制宜。

第三，"以和为贵"。

中国传统文化强调"和"。"和"不是"同"，而是各种"不同"共生共存。通常我们认为这是最健康的状态，而强求"同"，必然会在暴力抹杀"不同"的过程中累积强大的负面情绪，此时的"同"表面上虽然一团和气，实际上却恰恰隐藏着巨大的危机。"和而不同"是儒家提出的生存和发展策略，体现了社会合作中的一种辩证关系，其本身既是对君子人格的认同，同时也提出了良好的合作理念。只有在包容各种"不同"的基础上才能真正达到理想状态中的"和"，这也是"以和为贵"的真正内涵。商人在经营过程中，总会面临不同的人、不同的事，要想在买卖过程中完美协调好各方面的利益诉求，其实并不是一件很简单的事情。这个时候，中国传统文化中"和而不同"的价值观就起了决定作用，"以和为贵"成了古代商人最为尊崇的信条之一。

在"以和为贵"的经营理念下，自然引出"和气生财"的结果。"和气"是沟通感情的前提和基础，是调节人际关系的润滑剂。"和气能招万里财""生意要做好，和气少不了""买主买主，衣食父母""买卖买卖，和气生财""和气能生财，蛮横客不来"，这些商业民谚都道出了"和"在商业经营中的重要作用。研究讨论中国古代商人，无论如何不能错过这个"和"字。

第四,"诚实守信"。

历史经验告诉我们,在商业竞争中,十年内拼的可能是眼光、智慧和技巧,但十年之后,拼的一定是境界、德行和文化。真正的大商人,其实并不局限于"商"字,他们更喜欢追问的是"道"。诚信既是一条重要的道德原则,也是保持商业往来的必要条件,"诚招天下客,信引四方财",说的就是这个道理。

徽商把"诚"字放在第一位,他们在经商活动中讲究"唯诚待人,人自怀服;任术御物,物终不亲"。晋商重"信",乔致庸商业生涯中的三个关键字是"信""义""利"。古代大商人对"利"有着更高境界的认识,如果牺牲"诚""信""义"换取眼前的"利",那么这种"利"不过是过眼烟云。在真正的大商人眼里,做生意就好比守着一棵大树讨生活,"诚""信"是大树的根本,"义"是大树的枝干,而"利"才是大树的果实。只有"诚""信"和"义"都得到滋养和爱护了,这棵大树才能根深叶茂,才有可能结出累累硕果,才有可能福祉绵远、泽被子孙。中国古代最有影响力的两大商帮,不约而同地把"诚信"当作自己最基本的经营理念,可见"诚信"确为中国商业文化的底色。俗语说得好,"创誉好比燕衔泥,毁誉好比蚁决堤""惜衣要从新时起,惜誉要靠平时做""千金易获,信誉难得""黄金失去能再得,名誉失去难挽回",这些来自我们商业先辈朴素的叮嘱,深刻表达了中国商业文化中那些最值得记忆、继承和发扬的内容。

当我们谈论文化时,我们在谈论什么?我们是在谈论自己的精神家园,谈论一面认知自我的镜子、一股引导自己向上的力量。当我们谈商业文化时,我们又将谈些什么呢?我们谈在上述核心价值观的烛照下,中国古代商人的精神世界和创造活动,这是笔者在这第一讲中特别想说明的问题。

推荐阅读

1. 钱穆：《论语新解》，生活·读书·新知三联书店 2002 年版。

2. 陈鼓应注译：《老子今注今译》，商务印书馆 2003 年版。

3. 杨天才、张善文译注：《周易》，中华书局 2011 年版。

4. 梁漱溟：《中国文化要义》，上海人民出版社 2018 年版。

5. 唐庆增：《中国经济思想史》，商务印书馆 2010 年版。

6. 吴慧：《中国古代商业》，商务印书馆 1998 年版。

7. 李强主编：《为什么要读经典》，中国社会科学出版社 2017 年版。

第二讲

重商时代：致天下之民，聚天下之货

随着互联网技术的飞速发展，电子商务已悄然成为当今社会最重要的商业模式之一，传统的实体商业受到极大的挑战。网络时代，流量为王，电商行当比较喜欢采用"亚马逊"网上购物商城的图书营销模式，通过貌似"赔本赚吆喝"卖书的方式赚取流量，绑定大量潜在消费者。这种"亚马逊"模式火了电商，但却"殃及池鱼"，搞垮了一大批实体书店。笔者虽然痛恨电商碾压实体书店的做法，但科技要进步、社会要发展，商业自然也不例外，不少传统的商业模式的确与我们渐行渐远。除非是专门去怀怀旧、回忆一下当年那些在书架前寻寻觅觅的青春岁月，我已经很少到实体书店买书了。不过我还是坚信，一本书值不值得买，最好是拿到手上摸一摸、掂一掂，读读前言，看看后记。这种貌似"浅尝辄止"的阅读体验，其实是非常优雅美好的文化活动，在书香中寻觅心有灵犀的作者，那份一见如故的感觉与盯着手机或电脑屏幕下单完全不同。偶尔去书店的话，我常会去翻翻那些谈到商业史、商业文化的书，得到不少有趣的信息，也由此发现一个比较普遍的认识误区：不少人一说起中国古代，就想当然地贴上"轻商""抑商"的标签，似乎历朝历代的统治者、消费者都与商人有着不共戴天之仇，而只有到了最近几十年，我们整个社会才开始重视商业和商人。这种严重低估中国古代商业思想的观点，并不符合历史实际。放眼五千年中华文化史，中国商人其实也曾有过风风光光的日子，特别是在大秦帝国完成统一大业前，商人不仅没有受到歧视，反而得到统治者和普通老百姓的重视与欢迎——如此说起来，那可真是商人的"黄金时代"啊！

　　要说清楚中国古代商业思想的发展脉络,我们还得从最初商业活动的产生谈起。作为西方文明摇篮的古希腊,其城邦的产生与商业密切相关,这倒不是说古希腊人天生就是经商的料,说起来他们都是被环境逼的,不去倒腾点买卖很难活下去。希腊山多地少,虽然适合葡萄、橄榄的生长,但却难以大规模种植淀粉含量较高的粮食作物,畜牧业发展也受到很大限制。我们想象一下,连指南针都没有的古希腊人,如果不通过爱琴海上的辛苦航行贸易,他们大概只能喝喝葡萄酒、橄榄油,连块儿面包也吃不上,哪里还有劲头去雕刻、绘画、写诗、弹琴? 哪里还有心思去仰望星空,思考整个人类的过去、现在与未来? 希腊、小亚细亚的不少城市,最初就是商人的暂住、交易场所。可以说,经商是古希腊人最重要的生存方式,像空气和水一样自然而然,并不见得他们多么聪明智慧,老早就发现经商比种地赚钱。这是西方商业文化的源头情况,那么我们中国又是怎样的情形呢? 中国土地广袤,主要文化区围绕着黄河、长江这样的大河,具有典型的大河文明特点,人们的生存条件与古希腊明显不同。对于古希腊人而言,商业是个必选项,是雪中送炭,是关系到生活过不过得下去的问题;而对于中国古人来说,商业是个可选项,是锦上添花,是关系到生活能不能更美好的问题。简单说吧,没有商业,古希腊人恐怕要饿死,而中国古人如果缺少了商业这一行,大家顶多日子过得拧巴些、难看些,但活下去是没有任何问题的——这就是中西商业文化老根儿上的区别。中国古代的商业活动是伴随着生产力水平的提高而发展起来的,是人们提高生活质量自然而然的选择，商业是锦上添花的那朵"花"，花朵谁不喜欢？古人不仅不"轻商"，说起来倒是"重商"更合乎社会发展逻辑。至于这朵"花"何时成了一朵"恶之花"，那是我们放到后面章节里聊的问题。

一、商业活动的产生

商业，一定是社会发展到比较高级的时候才可能产生的，它有一个天然的条件，那就是存在大量可供交换的剩余产品。在人类还没有完成第一次和第二次社会大分工之前，没有人知道"交换"是怎么回事儿。那时候人们的生产工具十分落后，生产效率低下，起早贪黑收获的那点野果、野菜，费尽力气抓住的那几只野兔、野猪，满足部落最基本的生存需求都成问题，哪里还会有什么剩余产品？当时人们想得最多的是如何提高自己的生产技能，使整个部落的大人、孩子免于饥寒交迫，顺顺当当地见到下一个春暖花开的季节，根本没机会去琢磨如何过得更加舒服。普通百姓是这个心思，部落首领也是这个心思——生产力落后，没有剩余产品就产生不了私有制，部落里的领导自然也身无长物、两袖清风。这种状况也不知持续了几千、几万年，那时候天空很蓝、河水很绿、时间走得很慢，大家的日子都是这样忙闲有致地过着，既没有商品交换的需求，也没有可供交换的物品。

人毕竟是会思想、有梦想的动物。天长日久，古人终于发现有些植物可以驯化，可以大量地种植在便于采集的区域。这样一来，生活与之前相比有了很大的改观，人们可以较为准确地预期某种植物生活资料的获得，生活比以前更有保障，日子也更有奔头了——农业产生了。有了固定的农业收入，人们的吃饭问题得到很大程度的解决。较为稳定的蛋白质摄入，大大提升了人类自身的健康水平，也许他们追野兔、打野猪更有效率了，大脑也因为获得更多的养料而变得更聪明。更重要的是，随着耕种技术的逐步提高，部落里的粮食开始富余了，人们发现那些暂时吃不完的动物可以先用剩余的粮食养着，等到需要它们的时候再吃掉。我常常想象这样一个画面，部落里的猎手试着驯养老虎、狗熊、猎豹等猛兽，结果都失败了，倒是驯养野猪、野羊、野牛却大获成功，这样的话，部落里可以大规模地驯养这些为人们提供肉类蛋白的动物——畜牧业宣告产生了，这是人类第二次社会大分工。有了这两次社会大分工，人类才开始走出蒙昧的原始社会，才有时间、有能力思考比生理需求更重要、更高级的事情。

　　两次社会大分工大大提高了生产力，部落里的剩余产品开始出现了。在众多的部落里，总归有的部落更善于种地。他们家的粮食产量远远超过别的部落，除了满足自己家人和家畜的需要，还有不少剩余，我们就称他们为"粮食专业户"吧。有的部落养猪养得很好，每年能生产大量的猪肉，我们就称他们为"养猪专业户"吧。还有的部落呢，粮食种得不错，家畜养得也不错，百姓安居乐业，其中有那么几个部落成员心灵手巧，特别会做陶罐，做出的陶罐经久耐用，不仅满足自己部落装粮食、盛水用，还有余力多烧制几个陶罐以备不时之需，我们就称这个部落为"陶罐专业户"吧。总而言之，生产力的提高解放了人们的想象力和创造力，大量剩余产品的出现使"以其所有易其所无"成为可能，于是"交换"就顺水推舟地出现了。人类学有个很有趣的研究方法，即通过观察儿童的心理、行为来推测早期人类的各种社会活动。就比如说这个交换吧，小孩子间相互交换喜欢的玩具，从来与金钱是没有什么关系的，他们用的是"以物易物"的交换手段，这恰恰正是人类最初商业活动的主要表现形式。"养猪专业户"用自己驯养的猪交换"粮食专业户"富余的粮食,而"陶罐专业户"可以用自己美观大方、经久耐用的陶罐去换"养猪专业户"的猪肉或"粮食专业户"的豆子。拿着自己富余的东西去换人家手中的剩余产品,这种"以物易物"的交换主要发生在邻近部落之间,所交换物品的种类繁多,并没有固定的参考价格。在信息不对称的情形下,这种原始的交换并不容易达成,比如"养猪专业户"急需粮食,暂时不想要陶罐,那样的话"陶罐专业户"就吃不上猪肉了。那怎么办呢?"陶罐专业户"只好利用空间优势,先和离自己部落比较近的"粮食专业户"交换了粮食,然后再扛着粮食跑到"养猪专业户"那里交换猪肉。这个过程十分复杂,也十分辛苦,想想都累得慌。原始"以物易物"的沟通比价环节需要耗费大量的时间成本,在车轮这种高级事物还没被发明、牛马等动物还没有被驯化成运输工具前,物流限制的确是影响交换有效性的大问题。

最初的交换主要是官方行为,个体的商人并没有出现。根据古书记载,有时候部落首领会亲自担任这个交换货物的角色,跋山涉水、千辛万苦。随着生产力的持续发展,社会分工越来越精细化,物品交换的需求也逐渐提高,交换工作本身也成为一项专业化程度非常高的活计:熟悉的物流路线、明了的供求关系、清楚的交换比价,以及娴熟的沟通技巧等,这些并不是每个人都能做得了的,只有那些常年从事交换的人才能做到。于是,一个虽然不从事任何实际生产活动,却能创造出重要价值的群体出现了——这就是商人。可以说,"商人"阶层的出现,是生产力发展和社会分工的自然结果,他们是顶着光环应运而生的,是人类社会发展到更高级阶段的标志,其重要程度相当于现在知名城市的地标建筑。正像没有人会轻视"地标"一样,在更古老的时代也不会有人轻视商人。商人给当时的消费者带来诸多便利,各种生活、生产资料的交换效率成倍地提高,"重商"思想随着商业活动的频繁而萌生。"商人"

一产生即步入他们的"黄金时代"，我想，此时商人的内心一定是非常骄傲和自豪的吧！

在固定的场所进行大规模的交换活动，有利于信息披露和商品比价，特别是"以物易物"时代，更多的商品选择，也容易使交换得以达成。大约在神农时代，官方就已经设置专门的"市"供人们进行交易，《易·系辞传下》里有这样一段记载：

包牺氏没，神农氏作，斫木为耜，揉木为耒。耒耜之利，以教天下，盖取诸《益》。日中为市，致天下之民，聚天下之货，交易而退，各得其所，盖取诸《噬嗑》。

此段的意思是说，伏羲去世之后，神农兴起。神农即炎帝，是中国古代传说中的英雄人物，据说茶叶就是他发现的；《神农本草经》虽然出现较晚，而且多半不会与神农本人有关联，但后人还是愿意相信他是中药学的鼻祖。神农当了首领，制作出"耜""耒"这样高级的农业生产工具，生产效率比原来的刀耕火种不知要提高了多少倍。神农到处推广这种农业生产新技术，给百姓带来实惠。神农的这种做法，大概是在"益"这一卦上获得了启发吧？"益"卦的兆辞曰："利有攸往，利涉大川。"神农怎么就受了"益"卦的启发搞了农业发明和农业教育，这不是三言两语能说清楚的，总之古人是这样认为的。引文接下来就说到商业了。既然生产技术进步了，产品总量增多了，交换的需求产生了，再加上吃饱饭的问题基本解决，人们也能腾出手来多进行点手工制作，产品自然也有交换需求。自发的交换费时费力，交易的成功率比较低，于是神农给大家创造了一个专门的交易场所——"市"。神农的这项发明也非常重要，如今无论城市里的超市还是乡野间的大集，都是人们日常生活中不可或缺的事物。在信息沟通不畅的情形下，"约定"是非常重要的，大家约定于某一时间、某一空间,集中交换各种物资,更容易达成"各得其所"的目的,所以神农的"市"也是有时间性的,即所谓的"日中为市"。这段简短的文字,正是商业交换发生的精到描述。

黄帝时代又是什么情形呢?《云笈七签》里说,黄帝时代已经达到人类社会的"理想时代":

> 时人未使而自化,未赏而民劝,其心愉而不伪,其事素而不饰,谓之太清之始也。耕者不侵畔,渔者不争岸,抵市不预价,市不闭鄙,商旅之人,相让以财,外户不闭,是谓大同。

这是怎样一种社会形态呢?老百姓的思想境界都自我提高了,耕者、渔者、商人都各乐其业,彬彬有礼、了无争执。不仅不争,商人的境界似乎比耕者、渔者还要高出一个层次,他们居然能做到"相让以财",这真是理想中的"君子之国"啊!这些美好的传说虽然不会是当时的史实,但至少记下这些传说的人相信,"市""商"等事物在黄帝时代占有重要的地位,甚至是成为"大同"之世的重要指标。在这样一个时代里,怎么可能会有人轻视商人呢?

尧、舜时代商业也受到人们的重视。《淮南子·齐俗训》记载尧治理天下时:

> 其导万民也,水处者渔,山处者木,谷处者牧,陆处者农。地宜其事,事宜其械,械宜其用,用宜其人。泽皋织网,陵坂耕田,得以所有易所无,以所工易所拙。是故离叛者寡,而听从者众。

这段话说明了什么呢?说明尧是个很聪明的人,他懂得因地制宜、分工合作。人类社会发展历程确实证明了这样一个事实:

社会分工越精细，文明发展程度越高。看来尧早就搞明白这其中的道理，他让那些住在江河湖泽边的人们发展渔业，而生活在丘陵坡地上的人就好好种田，搞好农业。每个地方的人都根据自然条件不同从事相应的生产活动，然后大家互通有无，"以所工易所拙"，这样百姓才能安居乐业。由此可见，在尧的管理体系中，这种"以所有易所无"的原始商品交换活动是天下安定的关键，商业搞好了，背叛的人少了，而前来投奔、自愿归化的人却多了。在这样一种社会氛围中，轻商思想是找不到生存土壤的。

　　舜与商业活动有着更为密切的联系。《尚书·大传》记载："（舜）贩于顿丘，就时负夏。"《史记·五帝本纪·索隐》里也说"（舜）作什器于寿丘，就时负夏"。从这些历史资料里看起来，舜不仅是个心灵手巧的手工匠人，而且颇有商业头脑。"就时负夏"四个字，最关键的是"时"字，舜知道根据时机、时令的不同安排自己的商业活动，的确是有大智慧的人。

二、夏商时代的商业

　　世界有两大长寿的文明，虽经数千年风吹雨打、岁月淘洗却依然历久弥新，其一是华夏文明，其二是希伯来文明。这两大文明都有大洪水泛滥的记录，只不过拯救希伯来文明的是上帝的启示，他告诉先知诺亚在洪水来临之前准备好救命的大船，保证人类和其他物种绵延不绝。华夏文明则不是这样，把百姓从滔天洪水中拯救出来的是人间的英雄大禹，他尽职尽责、一心为公，"居外十二年，过家门不敢入"，终于治好天下水患，让百姓过上了幸福安康的生活，也顺便缔造了中国古代第一个奴隶制国家——夏朝。洪水大泛滥对当时的农业生产是不利的，作为让百姓生活"锦上添花"

的商业,自然也不会得到什么好的发展机会。但大自然灾害后必然带来农业生产上的触底反弹,唐代大诗人白居易小时候就明白这个道理,他在那首著名的《赋得古原草送别》中写道:"离离原上草,一岁一枯荣。野火烧不尽,春风吹又生。"被野火烧过的草原,第二年往往长势更加茂盛。同样的道理,与农业相关的文明历经洪水大泛滥之后,反而获得更旺盛的生命力,古埃及文明如此,美索不达米亚文明如此,华夏文明也是如此。大洪水过后,中国文化揭开了崭新的篇章,《史记·夏本纪》里这样写道:

> 于是九州攸同,四奥既居,九山栞旅,九川涤原,九泽既陂,四海会同。六府甚修,众土交正,致慎财赋,咸则三壤成赋。

这段话虽然比较简短,但却反映了历史上的一次重大事件。它的大意是天下行政区划已定,山、河、湖什么的交通都没问题了,各地可以正常上供税赋了。我们缺乏夏代商业的资料,不过物流是影响商业发展的关键因素,夏代划定天下九州,境内交通比之前任何时代都要发达。揆之情理,"九州攸同"背景下的夏代,其商业发展的外部条件远远超越了之前"日中为市"的历史时期。在夏代天下一统、统治者自以为能万世太平的时候,王朝属下的一个小部落靠着首领出色的驯养家畜能力和经商手段,实力逐渐大增,这个部落有一个响亮的名字——商。研究、阅读商业史,无论如何无法绕过商族及其后来创立的商朝,因为毕竟,这个"商"字本身的知识产权,也是人家商族人的。

商族人与商业有着不解之缘,这个民族历来重视经商贩运和谋利活动。在现今保存下来的商代甲骨卜辞中,有很多关于"易贝""取贝"和外出经商求利的占卜记录。商族还没有取得天下时,就以善于经商而闻名天下。"经商"几乎就是商族人贴在脑门上的标签，就好像改革开放初期，只要一提起广东人、温州人，人们脑海中会立刻蹦出"商人"二字一样。王亥是商族人的首领，据说他驯化了牛，使之成为人们重要的运输工具和生产工具。王亥既然会驯养牛，说明彼时商族的农业和畜牧业发展状况都是不错的，这样的部落的日子过得差不了。部落生产的东西有较多剩余，自然产生更迫切的交换需求。商族最早的大型商业活动是由官方主持的，部落首领或其代理人就是最大的商人。王亥带领自己的部落成员用牛驮着货物，赶着驯养的牛羊到其他部落进行交易。牛的驯服和使用在当时是非常先进的技术，要知道中原地区历来缺马，牛作为主要的运输工具和生产工具，几乎贯穿古代社会始终。笔者老家多山，前些年还有不少偏远农村使用牛来耕田——这一切都是拜商族人所赐。夏朝其他部落的人虽然喜欢那些不远千里、万里前来交易的外乡人，但并没有给这些人以特定的称呼。大概因为王亥所带领的商族人很善于此道，是从事商品交换行当中的佼佼者，后来"商人"一词就成了从事货物交换之人的专称，倒未必专指商族人了。

当时和商部落一起强盛起来的还有两个部落，分别是有易与河伯。这两个部落不像商族人那样善于经商，部落首领的人品又太差，《山海经·大荒东经》有这样一段记载：

王亥托于有易、河伯仆牛。有易杀王亥，取仆牛。

大意是，商人王亥不知出于何种原因，把自己那些牛放在有易与河伯那里。有易大概贪图那些被驯化的牛，竟然下手把王亥给杀了，黑下了他的"仆牛"。这种事情现在看起来是十分残忍的，太不讲道义了，但却符合古代商业活动的实情。古时候远行经商的确是份非常危险的工作。当时生态环境还没遭到人类大规模的破坏，狼虫虎豹横行是常态，商人的旅途多半并不安全。更有甚者，原始社会向奴隶社会转型的时期，算是一个"祛魅"的特殊时代，法律、仁义道德离普通人的世界还是非常远的，生存才是最正当的诉求。因此商人也会常常面临其他部落的觊觎，行旅安全几乎没有什么保障可言。《山海经》的这段记载非常简略，大量信息缺失，王亥之死的真相到底如何已经是千古之谜了。晋代郭璞在注解《山海经》上引那段话时，引用了《竹书纪年》的记载，这段记载看起来更"八卦"一些：

> 殷王子亥宾于有易而淫焉，有易之君绵臣杀而放之。是故殷主甲微假师于河伯，以伐有易，灭之，遂杀其君绵臣也。

"殷王子亥"即指王亥。这段话揭秘了一个重大丑闻，大约是说王亥在旅居有易部落期间，与该部落的女子发生了不正当的性关系，因此当地的首领才把王亥给杀了。如果真的是这样，有易之君是为了伸张正义而杀了王亥，并非贪王亥的财货。后来王亥之子上甲微复仇成功，夺回了王位，继续带领族人经商。商人世代祭奠四个祖先：契、王亥、上甲微、成汤。其中契是商族始祖，传说中是未婚少女简狄吃了燕子的卵而生下来的，自然要祭拜；商汤灭夏朝，建立了伟大的商王朝，享受后代的祭祀也是天经地义的；而王亥和上甲微既非始祖，也不是开国者，他们之所以能获得商族人的世代拜祭，完全是因为他们以经商的手段壮大了商族，商族人怎么会忘记这两位带领他们过上富裕日子的祖先呢？

商朝人以经商发家，自然不会轻视商业。《六韬》里写道："殷君善治宫室，大者百里，中有九市。"商王朝的国君在宫城中修建"九市"，可见商业在朝廷政治、经济生活中的地位。商朝的商人阶层已经获得较大的发展，统治者早就不必亲自餐风饮露地做生意了，但祖传的手艺不能丢，更何况经商还能赚取大量利润。那他们怎么办呢？他们会派遣代理人去经商，这些代理人通常是自己家里能说会道、能写会算的奴隶，即所谓的"小臣"。商朝灭亡后，周朝统治者把殷商遗民集中在卫国一带，周公在对被征服的殷商遗民训话时，也鼓励他们"肇牵车牛远服贾，用孝养厥父母"（《尚书·酒诰》）。春秋时期不少卫国人都会做点生意，大概与商族人的经商传统有关。

三、周人重商：商不出则三宝绝

周朝建立后，经商被当作国家重要的事务，朝廷进一步提高商业的地位，将之看作国家正常运转之必不可少的环节。司马迁在《史记·货殖列传》里这样写道：

> 《周书》曰："农不出则乏其食，工不出则乏其事，商不出则三宝绝，虞不出则财匮少。"财匮少而山泽不辟矣。此四者，民所衣食之原也。原大则饶，原小则鲜。上则富国，下则富家。

文中提到了四类人——农、工、商、虞，分别涉及农业、手工业、商业、林业（包含渔业）四个产业。显而易见，在周人看来，这四个产业是国家富足的基础，而且商业的地位一点也不比农业、林业差。《周礼》中规定国家"以九职任万民"，这"九职"中的第六个即"商贾"，其作用是"阜通货贿"。周武王将国家重要事务分了八项内容，即《尚书·洪范》所说"八政"："一曰食，二曰货，三曰祀，四曰司空，五曰司徒，六曰司寇，七曰宾，八曰师。"这"八政"中排位第一的是农业生产,而第二位"货"就是商业贸易,其次序甚至排在了祭祀、外交、军事等国之大政前面。把商业与其他各项关系到国计民生的产业和国家重大事务相提并论,亦可想见当时人们对这一行当的重视程度。

商业不仅是朝廷重视的日常工作,如果遇到了不好的年景,它还担负着特殊的使命。周文王时曾遇到大荒之年,在他解决问题的众多方法中即有"招诱商旅",用时下的话来说,也就是所谓的"招商引资"。笔者记得20世纪八九十年代,一些贫困地区的官员把"招商引资"当作脱贫致富的不二法门,只要能招来商人投资,一切都好说,生态环境、产业结构什么的都不是问题。现在"绿水青山就是金山银山"的认识深入人心,地方在招商引资上也要挑挑拣拣了。不过不管怎么说,通过招商来提振自己的经济发展,这一妙招的发明权还属于周文王。周文王当时的布告是这样的:

> 于是告四方:游旅旁生怵通,津济道宿,所至如归。币租轻,乃作母以行其子。易资贵贱以均,游旅使无滞。无粥熟,无室市。权内外以立均,无蚤暮间次均行。
>
> ——《逸周书·大匡解》

先秦语言读起来别别扭扭,解释也多有争议。不过这段话的大意还算好懂,就是昭告各地客商,周朝境内水旱道路通达,住宿也很方便,来做生意就好像回到家里一样亲切;经商的各项税赋都是很轻的,希望以此吸引客商踊跃前来贸易。周代的私商已经有所发展,但还远远没有形成一个强大的阶层,王朝最大的商业活动主要掌握在朝廷手中,即所谓的"工商食官"制度。如果有人想穿越到周朝做一个商人,我想这应该是件比较危险的事情,因为他大概率会穿越成一个奴隶,连基本的人身自由都没有,更不用说经商了。周朝那些重商、招商的优惠政策，其实主要是针对外地商人的。周朝虽说是个大王朝，但能实际控制的地盘并不大，除了周朝外，其他国家的官私商人也是不少的，周朝的惠商政策主要是针对他们。

春秋时期"礼崩乐坏"，社会体制发生了巨大的变化，奴隶制已经让位于封建领主制。虽说官府依然竭力垄断手工业和商业，但私商的实力毕竟逐步增强了，一些开明的诸侯国当权者对商业发展更是呵护有加。齐桓公任用商人出身的管仲为相，实行一系列惠商、重商政策，加大发展商业的力度，使齐国商品经济繁荣发展、国力强盛，国都临淄更是跻身春秋战国有名的大都会之列。管仲在齐国实行了哪些商业政策呢？首先是"管山海之利"，实行盐、铁专卖，特别是对盐"民产、官收、官运、官销"的官营制度，被后世沿用了很长一段时间。《管子》一书大约著成于战国至秦汉时期，其中对商业的功能及作用倍加肯定，认为"市也者，劝也；劝者，所以起本事""聚者有市，无市则民乏""市者，天下之财具而万人之和而利也"。《管子》主张按照社会分工，将人们按职业划分为士、农、工、商四大阶层，商人被看作四民之一，并没有任何歧视的意思。

春秋时期的郑国也特别重视发展商业，私商发展较快。郑桓公曾与商人们订立一个盟约，这大概是我们能看到的政府与商人之间最早的契约了：

> 尔无我叛，我无强贾，毋或匄夺；尔有利市宝贿，我勿与知。
>
> 《左传·质誓》

你不能背叛我，我也不"强贾"你的货物。什么叫"强贾"？读者还记得白居易《卖炭翁》里所写到的"宫市"吗？"一车炭，千余斤,宫使驱将惜不得。半匹红绡一丈绫,系向牛头充炭直",这就是典型的"强贾"。统治者特别喜欢这种购物方式,一直到明清时期还残存着"宫市"的痕迹。"我勿与知"这一句也很重要,商人可以保有自己的商业秘密,有什么珍奇宝贝,不必向王室汇报。我们知道,最初的商业活动大都有官方背景,连商人都是国家的,他们所经营的货物当然也是国家的。私商渐渐兴起,游戏规则就不得不做出改变了。虽然市面上大部分奢侈品还是供应给王室贵族,但毕竟是商人的私有财产,这些私有财产能得到统治者的保护,算得上是一项大大的"恩典"。郑国的历代国君都信守这份盟誓,郑国商人也很感念政府,从来不给政府惹什么麻烦。郑国后来有个执政大臣叫子产,是春秋时期知名度很高的政治家,他恪守祖训,致力于促进商业发展,对商人的利益特别照顾,本人也得到商人阶层的爱戴。子产去世的时候,"商贾哭之市,哭子产者皆如丧父母"——那些商人到市场这样的公共场合痛哭,伤心难过的程度就好像自己的父母去世一样。如果不了解商业发展史的这一背景,不了解统治者的"重商"政策,我们恐怕很难理解郑国官商之间这种亲密的关系。

郑国的重商政策不仅使国家的经济水平提高,也换来了商人对国家的无私支持。公元前627年,秦国发兵偷袭郑国,郑国商人弦高正赶着牛去洛阳做生意,在半路上恰好遇到秦军。弦高料定秦军是去偷袭自己国家的,于是一面派人回郑国报信,一面假装奉郑国国君之命前往秦军营地犒师,并向秦军献出自己的牛。秦军将领以为郑国真的有了准备,偷袭自然不成,劳师远征又有危险,因此不得不灰溜溜地撤军。这就是"弦高犒师"的典故。一个普通商人能在国家危亡之际挺身而出,抛弃自己的个人利益,可谓开中国"义商"风气之先,的确值得商业文化史重重地写上一笔。

到了战国时代,社会形势发生变化,国家能在大争之世中站住脚，固然离不开商业发展，但大家打来打去，更多的是拼军事。在这种情形下，农业成为支撑一个国家军事实力的主要力量。"重农"思想在战国时期逐渐成为主流，轻商和抑商思想迅速发展起来，社会上逐渐形成了"重农抑商"思潮。我们经常谈起的"重农抑商"政策，其实大约在战国时期才开始逐步形成，其中推行此政策最有力者，当是偏居西北一隅的秦国。秦国历经百十年的发展，一跃而成为当时的第一强国，商鞅变法功不可没。商鞅到底采取了哪些改革措施？这些措施又是如何影响了商人的地位的？这一段历史，我们留到下一讲去说吧！本讲最后，再给大家讲一个春秋晚期著名商人的故事。

四、子贡问仁：儒商是怎样炼成的

子贡，复姓端木，名赐，春秋晚期著名的政治家、商人。子贡在古代商人心目中的地位非常高。那时候的商人喜欢在自家店铺里挂上两个条幅，上面写的是"陶朱事业，端木生涯"。"陶朱"指的是范蠡，本书第七讲会专门讲讲范蠡，这里就不说他了。"端木"指的就是子贡，他本是卫国的一个普通商人，后来投到孔子门下学习儒学，成为孔子最优秀的十个学生之一。或许是因为经商需要，子贡和孔子的其他学生比起来，思维更加敏捷，口齿更加伶俐。孔子曾经说颜回、子贡、子路、子张四个学生，各有一项能力连他都比不上，其中子贡的这项能力是"敏"。事实证明，子贡能言善辩，在处理纷杂的外交事务上尤其善于透过现象看本质。"把复杂的问题简单化"，这一点他的确比老师孔子都强。

子贡被认为是"儒商之祖"，"儒商"这个概念其实是需要探讨的，但子贡与儒家关系密切则是不争之事实。儒家讲究积极入世，作为"儒商"当然也是如此,他们善于对各种政治、经济信息进行分析,以从中获得商机。不过,这还仅仅属于"术"的层面,远远不是"儒商"的精髓。儒商之所以受到人们的推崇和关注,最重要的一个因素是"仁"。放眼古今中外,多少企业家艰苦创业,靠着头脑的聪明和把握商机的敏锐,生意越做越红火,但正由于心中缺少一个"仁"字,最终结局不过是——"眼看他起高楼,眼看他宴宾客,眼看他楼塌了"。作为大商人的子贡,跟孔子学习些什么呢? 当然主要也是这个"仁"字。

"仁"是儒家学说的核心内容,也是儒商的核心价值观。子贡追随孔子的一生,也是对"仁"的追寻过程。有一次子贡问孔子,管仲的前任主公公子纠被齐桓公杀了,他不仅没有陪着公子纠去死,反而当了齐桓公的相,这样的人怎么能算是仁义之人呢? 因为孔子曾经说过"志士仁人,无求生以害仁,有杀身以成仁",管仲如果称得上"仁",那他应该为公子纠死,怎么还能服务于公子纠的死对头呢? 孔子是这样回应的:

> 管仲相桓公,霸诸侯,一匡天下,民到于今受其赐。微管仲,吾其被发左衽矣。岂若匹夫匹妇之为谅也,自经于沟渎而莫之知也!
>
> ——《论语·宪问》

孔子说,管仲辅助齐桓公成就霸业,击退了北方强敌的入侵,要是没有这位管仲,我们大家早就成了奴隶,留着夷狄的发式、穿着他们的服装。如果管仲学那些平庸之辈的"舍生取义",盲目为前任主公殉葬,那他怎么能成就之后的丰功伟业呢? 我们现在说不定都要披头散发当外族人的奴隶了。所以,管仲当然称得上"仁"。恰巧孔子的另一个学生子路也问过同样的问题,孔子的回答是"管仲九合诸侯，不以兵车，管仲之力也。如其仁，如其仁"。孔子向子贡夸管仲惠民，因为子贡是商人，应时刻牢记惠及众生才称得上"仁"；向子路夸管仲息战，因为子路好武且性急，应牢记使天下太平才是大"仁"。同一个问题，孔子因材施教，根据学生的具体情况给出不同的答案，这"万世师表"的招牌真不是随便说说的。不过虽然答案不同，孔子都强调做人要重大节、知权变，不能斤斤计较于各种条条框框。孔子这一灵活变通的认识问题方法，对子贡影响很大。

　　要达到惠及众生这样的层次需要一个长期修养的过程。在日常生活中，我们还会面临一些较为琐碎的问题。有一天子贡又跑来问老师了，到底什么是"仁"呢？孔子是这样回答他的：

　　　　工欲善其事，必先利其器。居是邦也，事其大夫之贤者，友其士之仁者。

　　　　　　　　　　　　　　　　　　　　——《论语·卫灵公》

　　什么是仁啊？"仁"其实就是讲人与人之间的关系。你不是满世界地跑来跑去做生意吗？那我告诉你啊，你到了一城一地，一定要去和当地那些公正清廉的官长打交道，和那些具有"仁"之德性的人做朋友，这样你就知道什么是"仁"了。子贡牢记孔子的教诲，在经商的过程中特别注意择友，朋友圈里也都是正直的人、有追求的人。那作为一个好商人，该怎样对待这些朋友呢？普通儒者的做法是"君子之交淡如水""人不犯我，我不犯人"，这当然也算得上"仁"了，但还称不上大气魄、大境界。子贡最初从孔子学儒的时候，也是这种想法，他对老师说"我不欲人之加诸我也，吾亦欲无加诸人"，意思就是别人强迫我做不情愿的事情，我绝不答应；当然了，我也不强迫别人做不情愿的事。

孔子叹了口气说，子贡啊，这你是不可能做到的。的确是这样，
人生活在一个网络中，就算你能要求自己做什么，你也不可能阻
挡别人做什么啊！如果人与人之间都能撇得这么清，那这世界
就不会这么乱糟糟的，也许早就天下大同了。那该怎么办呢？
孔子给子贡指出一条明道：

> 其恕乎！己所不欲，勿施于人。
>
> ——《论语·卫灵公》

别人怎么做，你是没法控制的，能担待就多担待点吧！这就是
所谓的"恕"。但有一件事情是自己可以控制的，那就是你自己不
想要的，千万不要强加给别人。对商人而言，这简直就是天籁之
音、金玉良言啊！这是从自身修养角度来说的，那从客户群角度来
看，怎么做才能更接近大商人境界呢？人与人之间的境界是有差
别的，这是没有办法改变的事实。老子说过，"上士闻道，勤而行
之。中士闻道，若存若亡。下士闻道，大笑之"。"道"不可能取悦
所有人，让那些没涵养、没品位的人嘲笑自己，才接近"道"的境界。
那儒家是怎么做的呢？是不是大家都给你"点赞"才算是最成功
的？孔子说不行，还不能这样做。他告诉子路，最好的状态应该是
这样的：

> 乡人之善者好之，其不善者恶之。
>
> ——《论语·子路》

让普通民众中那些懂道理的人都欣赏你，那些不懂道理的人
都讨厌你，这才说明你为人处世的火候到了。换句话说，做乡愿，
到处谄媚、讨好所有人，这并不是好事儿。放到一个经营团队中，

你再小心择友、问心无愧，你也没有办法保证你团队里都是君子、好人。那你作为领导者，要去取悦所有的队友吗？要去谄媚所有的员工吗？这真的是没必要，你只要守住道德的底线，赏罚分明、进退以公，让团队中正直的人都尊敬你、佩服你，让那些偷奸耍滑、吃里爬外的人都憎恨你、讨厌你——这才是理想的大商人境界，也是真正儒商的境界。

大商人境界与人情练达、世事洞明并不矛盾。作为一个团队的当家人，有的时候也要注意行事方法、分寸，就算遇上自己不喜欢、不理解的事情，也要考虑大家的意愿，不能一意孤行。子贡有一年跟着老师去观看祭祀大典，当看到举国上下为大典欣喜若狂，他感到很不可理解。孔子教导他说，百姓都辛苦了好几个月了，就巴望着这一天痛痛快快给心灵放个假，当然要狂欢了，这是什么道理呢？简单说，"一张一弛，文武之道"，你整天做生意，用不着下地参加农业劳动，你是不会理解这个狂欢节日对百姓意味着什么——这才是真正的"文武之道"啊！同样道理，作为大商人，未必了解所有员工的心理诉求，用所谓的"绩效""制度"来加强管理，听说在西方挺管用的，但恐怕还要考虑到中国传统文化的"人本"底色才更接地气。有的公司从企业规模上，从老板身家上，似乎能达到"大商"的级别，但整个企业里充斥着"竞争""淘汰"的声音，员工被异化成卡夫卡笔下的甲虫，这不仅是对生命的不尊重，其实也是对传统商业文化的亵渎，哪里能谈得上"仁"？哪里能称得上什么"新儒商"？

子贡就是在向老师请教的过程中逐渐成熟的，终成能与各路诸侯"分庭抗礼"的一代大商人。《孔子家语》里有条材料，常常被学者误读，用来说明子贡发现了市场商品"量少价高"的道理。笔者对此很不认同，我们一起来看看原文是怎样说的吧：

子贡问于孔子曰："敢问君子贵玉而贱珉，何也？为玉之寡而珉多欤？"孔子曰："非为玉之寡故贵之，珉之多故贱之。夫昔者君子比德于玉，温润而泽，仁也；缜密以栗，智也；廉而不刿，义也；垂之如坠，礼也。叩之，其声清越而长，其终则诎然，乐矣。瑕不掩瑜，瑜不掩瑕，忠也；孚尹旁达，信也；气如白虹，天也；精神见于山川，地也；珪璋特达，德也；天下莫不贵者，道也。诗云：'言念君子，温其如玉。'故君子贵之也。"

市场价格与货源多少有着直接的关系，这是普通小商贩都懂得的生意常识，何至于要我们的大"儒商"子贡去发现？子贡当然懂量少价高的市场规律，只是他对玉和珉的价格差异产生迷惑，感觉不太符合常见的市场价格规律，这才求教于孔子。孔子给他讲了一番道理，归根结底一句话，人们喜欢玉，愿意为它花大价钱，并不是因为产量少，而是因为它本身具有的这些美好的品德，这些品德也寄托了人们自己的向往，即所谓"君子以玉比德"。其实孔子在这里不经意间恰好说出了儒商最重要的品质——德，这是超出商品市场规律的，却正是经商活动中最珍贵的内容。子贡受教于孔子，这段师生间的谈话，应该被当作中国商业文化史上的金玉良言，如果仅仅被当作商品价格规律的探讨，那可真是辜负了古人之心。

子贡追随孔子"问仁""求仁"，富而不骄、富而好礼，成为后世商人的楷模，商人们即使达不到子贡那样的"儒商"境界，也会景行行止、心向往之。我们在谈到"儒商"这一词汇时，一定不要忘记向这位商界老前辈致敬，不要轻易把这一高贵的名号加到那些连《论语》都不读、连中国传统文化都不尊重的有钱人头上。

推荐阅读

1. 王玉哲：《中华远古史》，上海人民出版社 2003 年版。

2. 杨宽：《西周史》，上海人民出版社 2003 年版。

3. 顾颉刚、童书业：《国史讲话：春秋》，上海人民出版社 2015 年版。

4. 王孝通：《中国商业史》，团结出版社 2007 年版。

5. 李强：《红尘匹马长安道：中国商人往事》，人民文学出版社 2016 年版。

第三讲
抑商时代：风流总被
雨打风吹去

　　自春秋晚期到战国，私商的数量逐渐增多，他们通过辛勤经营拥有大量的财富，成为社会上令人羡慕的富人阶层。随着奴隶制的逐步瓦解，农民获得更多的人身自由，其从事商业活动、追求幸福生活的愿望也在不断增强，这在一定程度上破坏了之前以农为本的经济结构。随着私商的兴起、商业活动的兴盛，社会上开始出现"抑商"的声音，而推行"抑商"政策最为坚决的是秦国。商鞅在秦国主持变法，他风云际会、高瞻远瞩，通过一系列革新措施，把一个偏居一隅的穷困弱国，变成了令天下诸侯闻风丧胆的虎狼之国。虽然他本人未得善终，但秦国继续推行他的政策，历经几代君主努力，终于完成统一天下的大业。商鞅是法家代表人物，那儒家对商人又是怎样的态度呢？荀子也反对私商兴盛，认为"工商众则国贫"，工商业发达对国家不是什么好事情；韩非更是直接把批评的矛头指向商人，甚至将商人看作"蠹虫"。这些人抑商、轻商的思想对后世影响很大，在历史上逐渐形成一股"抑商"的思潮。从战国晚期一直到南北朝，这股"抑商"思潮即便没有愈演愈烈，也从来没有舒缓过，商人在这一时期的文化生存空间是比较狭窄的，但他们因此消沉、没落了吗？其实并没有。在"抑商""轻商"声音喧嚣的岁月里,商人虽然很少发出自己的声音,但他们的确从未缺席。他们虽然不得不承受着统治者突如其来的掠夺、文化优越者居高临下的鄙视,但每一次风吹雨打过后,他们又如春草般疯长,依然在主流文化关注外,把日子过得有滋有味。

要想清晰地绘制一幅中国古代商业发展图景，是一件非常困难的事情。专制君主迥异的性情与喜尚、执政者不同的情怀和追求，都可能会对商业制度产生偶然影响。不少商业史上的重要问题如今还争议未定，比如官商、私商的关系问题，专卖制度的兴废问题，关税的轻重问题等，站在不同的角度和立场，往往能得出不同的结论。这部小册子只是尝试描画中国商业文化发展的基本脉络，简短的篇幅不允许笔者在一些争议问题上做更深刻的探讨。我们可以确定的是，自春秋晚期以来，商人阶层不断壮大，其可能对农业生产造成的损害也逐渐被政治家和学者所关注到，一股"抑商""轻商"的思潮也随之逐步兴起。虽说这种社会思潮对中国商业文化史影响巨大，但笔者认为有两个问题也许更应该引起注意：第一，从国家经济政策层面凸显对商业的抑制和束缚。"抑商"始作俑者为战国时期的秦国，此后历经几百年的乱世纷纭而绵延不绝。一直到了唐宋时期，这种经济制度层面的"抑商"情况才得以改观，彼时商人阶层已然成熟，且与士阶层产生诸多关联，所谓"抑商"，渐渐地被剥离至文化层面。第二，无论"抑商"还是"重商"，主要看统治者的利益诉求。既得利益者的诉求发生变化，对商业的态度也随之改变。即使在"抑商"思潮占主流的秦汉时代，不同的时期也曾做出过"重商"的举措。历史往往会呈现出复杂的样态，未必总是奔着一个明确的目标前行，商业文化史尤其如此。

一、"上农除末"：大秦帝国
崛起的秘密武器

无论我们是否愿意承认，战国后期开始崛起的秦国，对我们的文化史产生了不可估量的影响。秦国的语言、文字、生活习俗、政治制度，深刻影响了之后两千多年的中国历史。梁漱溟先生甚至认为，"中国文化在其绵长之寿命中，后一大段（后二千年）殆不复有何改变与进步，似显示其自身内部高度之妥当性、调和性，已臻于文化成熟之境者"（《中国文化要义》）。这一切是怎样发生的呢？春秋时的秦穆公靠着卓越的外交手段和战略措施，成了"春秋五霸"之一，秦国也迎来自己短暂的辉煌。但是到了战国时代，群雄竞起，秦人虽然颇耐苦战，但整个国家因偏居西北一隅，经济发展落后，国家综合实力较弱，时常遭到邻国的侵略和蚕食。到了秦孝公时代，秦国早已无复"春秋五霸"时的风光，在天下大乱之际，甚至时时有被别人吞并的危险。要想富国强兵，在乱世中做出一番大事业，秦国必须走改革之路。正是在这个时候，抱有宏图大志、想在大争之世有所作为的法家学者商鞅出现了。

商鞅，卫国国君后裔，公孙氏，原来的名字应该是"卫鞅"或"公孙鞅"，因对秦国有大功，获封商地，号"商君"，历史上称他为"商鞅"。商鞅是战国时期法家代表人物，他洞察世事，认为当时不太被世人看好的秦国大有发展前途，于是前往秦国求仕，得到了正欲奋发图强、重现秦国辉煌的秦孝公重用。二人君臣相得，在秦国这片贫瘠的国土上进行了一番大布局——轰轰烈烈的"商鞅变法"得以实施。现在我们还能读到一本叫《商君书》的著作，是我们了解商鞅变法思想的重要文本。商鞅变法的核心内容有两条。第一条是打击旧贵族，限制他们的特权，保证政府的各项制度措施能顺利实施；第二条就是"重农抑商"，通过限制商业发展来促进农业生产。在当时的经济环境下，"重农"和"抑商"是有着逻辑关系的，只有在制度上限制了商业，才能保证秦国农业的发展。为什么会是这样一种情形呢？商鞅对当时的天下大势洞若观火，他认为秦国如果想要与天下诸侯一争短长，必须打造一支强大的军队。维持强大的军队最重要的是粮食保障，士兵可以通过战场上的胜利获得各种物质利益，但是一支饿着肚子的队伍不可能打胜仗。因此在大争之世必须全力加强农业生产，把农业这个"本"夯实了，才有可能去争取更多的利益。商鞅极力推行农战政策，宣扬"国之所以兴者，农战也""国待农战而安，主待农战而尊"（《商君书·农战》），主张堵住除农业外其他任何能够获得物质利益的途径，迫使绝大多数劳动力都投入到农业生产中。商鞅严格限制私营工商业，认为这些都是"末业"，商人不仅不生产粮食，而且还因为获利丰厚，容易诱使从事农业生产的人弃农经商：

> 夫民之不可用也，见言谈游士事君之可以尊身也、商贾之可以富家也、技艺之足以糊口也。民见此三者之便且利也，则必避农。避农，则民轻其居，轻其居则必不为上守战也。
>
> ——《商君书·农战》

在商鞅看来，要实施农战政策，则必定要抑制"末业"，出台法令禁止农民弃农经商。为了提高商人的生活成本、抑制商业发展，商鞅主张提高粮食的价格，并且不允许商人染指粮食贸易。为了提高商人的经营成本，商鞅主张封禁山泽以限制人们采伐渔猎，对一般的山泽产品征收重税，同时也提高了关税和酒、肉等商品的税率，坚持"不农之征必多，市利之租必重"，对盐、铁等大宗商品实行国家专卖制度。更有甚者,为了加强战争的物质基础,商鞅还主张除留下每一农户的种子和口粮外,把农业中的剩余产品尽量集中到国家的手中,鼓吹"家不积粟,上藏也"(《商君书·说民》)。商鞅的这种经济管理思想,实质上是一种封建主义的国民经济军事化思想。这种思想在当时的历史条件下,对加强新兴封建国家的权力、促进封建主义经济基础的形成,起了重要的作用。他的这套理论和政策在秦国推行的结果是,让秦国由战国七雄中最落后、实力最弱的国家,一跃成为战国时代的头等强国,为将来的统一事业奠定了基础。

商鞅的农战政策虽然使秦国实力大增,但确实是商业发展史上的一股逆流,不利于正常的社会分工,也限制了自然资源的开发利用。商鞅力图把农业生产的剩余产品都集中到政府手中,对农业的长远发展没有什么好处,也不利于社会财富的增长。不过在战国群雄争霸的特殊历史背景下,秦国可以通过军队来掠夺财富,其推行的"计首授爵"制度曾让群雄胆寒。商鞅死后,他的各项变法制度被秦国保留下来,秦国就是靠着一支强大的军队东征西讨,用了近百年的时间,终于完成了天下一统的重任。嬴政也是商鞅变法的忠实拥趸,他在统一天下的过程中,对各国商人进行了严厉打击,如赵国大商人卓氏、齐国大商人程郑氏等,他们的财产被强行掠夺,家族人员被流放到荒芜之地。按说"六王毕,四海一","农战"政策就失去了继续存在的条件,"重农抑末"理应逐步退出历史舞台,但秦始皇却变本加厉,实施了残酷的"上农除末"政策。据《史记·秦始皇本纪》记载,秦始皇曾"发诸尝逋亡人、赘婿、贾人,略取陆梁地",这里提到了三种身份的人,都是当时社会地位非常低下的,其中第三种为"贾人"。可见在秦始皇治下,商人有时竟无人身保障,与其他身份低贱的人一起被朝廷征作士兵。秦朝不仅剥夺商人财产、流放商人,而且对他们的子孙也不放过,秦始皇迁往岭南的 50 万"罪人"中，有很大一部分就是商人的后代。

秦始皇把商鞅当年的"抑商"政策用到了极致，也为统一天下后秦王朝迅速土崩瓦解埋下了隐患。秦国的发展史，可以说是一部商人的血泪史。不过值得注意的是，秦国虽然长年实行"抑商""轻商"政策，但这并不是说没有给商人留下任何生存的空间。一个正常运作的政权，是不可能完全脱离商业的，秦国历代国君多多少少还是出台了一些鼓励商业的政策。在嬴政还是秦王的时代，商人出身的秦相吕不韦就推出了一些对商人有利的政策。他曾经大张旗鼓地抬举过两个大商人：

> 乌氏倮畜牧，及众，斥卖，求奇缯物，间献遗戎王。戎王什倍其偿，与之畜，畜至用谷量马牛。秦始皇帝令倮比封君，以时与列臣朝请。而巴寡妇清，其先得丹穴，而擅其利数世，家亦不訾。清，寡妇也，能守其业，用财自卫，不见侵犯。秦皇帝以为贞妇而客之，为筑女怀清台。
>
> ——《史记·货殖列传》

乌氏倮和寡妇清是当时的大商人，一个富到"谷量马牛"的地步，一个身为寡妇却能"用财自卫，不见侵犯"，秦国对这样的大商人还是特别重视的。吕不韦算是秦国的异数，这位大商人出身的大秦相国，其历史功绩被大大低估。秦王嬴政亲政前，他是秦国的实际当家人，推行了一系列重视商业的政策，对秦国多年来的"抑商""轻商"风气有所反拨。整个秦代商业发展，有高潮低谷，我们还不好说它就是一个完全灭绝商业的朝代，但"轻商""抑商"思想在秦国萌生发展，并随着秦国一统天下而长久地影响普通民众的文化观念，这一点是毋庸置疑的。

二、"贱商令":刘邦给商人
戴上耻辱标记

　　在西汉之前,无论夏、商、西周,还是春秋、战国,政权的当家人往往都是贵族出身,再不济也是贵族的家臣、马夫之类的。他们凭功劳也能获得上位的机会,坐上诸侯的宝座,还没有一介平民凭着十几个人的队伍起家,靠斩杀一条蛇就能风云际会,最终夺取天下——汉高祖刘邦是真正出身草莽的英雄。汉王朝建立是中国历史上惊天动地的大事件,不仅开启了新的历史进程,也颠覆了人们心目中一些根深蒂固的看法——原来这坐天下还真有可能不拼爹、拼祖宗,谁有本事谁拿走。

　　秦代虽然说有了秦直道,也有了同轨之车,甚至有了可以方便交易的货币"秦半两"铜钱,"外圆内方"的创意设计流行了两千多年,但秦为了加强对整个帝国的控制,境内关卡林立、律法苛严,商人的日子过得是比较凄惨的。秦朝统一天下后没有及时把战略重点转移到经济建设上来,依然抱着商鞅时代的"抑商"政策不放,这也从经济制度层面决定了秦朝国祚不长。刘邦建立汉朝,做的第一件事情就是顺应民意废除了秦朝的繁苛法律,被束缚压榨的商人们终于可以大大地松一口气了。《史记·货殖列传》里记载:

　　　　汉兴,海内为一,开关梁,弛山泽之禁,是以富商大贾周流天下,交易之物莫不通,得其所欲,而徙豪杰诸侯强族于京师。

　　什么是"关梁"? 最早是春秋战国时各诸侯国设置的关卡,具有一定的政治、军事意义;秦国一统天下,这些"关梁"摇身一变,成了向来往客商收取关税的"收费站"。秦始皇是商鞅的忠实拥趸，他亲政后大力推行"抑商"政策，除了对大商人进行打压外，还通过重税的手段抑制私商发展，商旅之人苦不堪言。汉初"开关梁"可谓对商人做了一件功德无量的事情，"周流天下"正是商人最喜闻乐见的。

虽说汉王朝一建立就给商人送了一份大礼，但我们如果认为商人从此就在西汉过上了快快乐乐的日子，那是想得太多了——彼时他们的日子依然过得提心吊胆。草莽出身的刘邦，虽然明知王朝兴盛离不开商业发展、物流通畅，但他在创业打天下的时候，受够了投机商人的敲诈盘剥，打心底里对有钱人有着痛恨和厌恶的情绪，对商人从来就没有好印象。汉初天下一统、四海安宁，这可是经商的大好时机，政府对商人税收也不高，社会上一下子涌现了许多赚了大钱的商人，他们锦衣玉食、富可敌国、招摇过市，成了激发社会矛盾的重要因素。刘邦对这种刚一翻身就趾高气扬的商人十分痛恨，于是决定出台一条禁令，羞辱、打压商人。虽说自战国时期社会上就有了"贱商""抑商"的思潮，但专门针对商人阶层发布禁令，这种事情倒并不多见。我们还没发现这条禁令的完整文本，只能通过史料来推测它的内容。《汉书·高帝纪下》里这样记载：

> （九年）春三月，行如洛阳。令吏卒从军至平城及守城邑者，皆复终身勿事。爵非公乘以上毋得冠刘氏冠。贾人毋得衣锦绣绮縠絺纻罽，操兵，乘骑马。

刘邦巡幸到洛阳，一时高兴，做了这样几件事：第一件事是赏功。免除了跟着自己打天下的部分军人的税赋，此乃帝王广施恩泽，算是一件大功德。第二件事是对朝廷官员的服饰做了规定，爵位没有达到"公乘"标准的,不准戴"刘氏冠"。"刘氏冠"据说是刘邦设计的一款帽子,是他当年做"亭长"时戴的,想来未必好看,但刘邦既然当了大汉天子,"上有所好,下必甚焉",再难看的款式也会让大众趋之若鹜。西汉初年大概满大街都戴着这种"刘氏冠",这让拥有设计权的刘邦看不下去了,于是专门规定官员达不到"公乘"的级别,是不允许戴"刘氏冠"的(汉初规定的二十级爵位中,"公乘"是第八级,在汉代可以分配二十顷田地,算是不低的爵位了)。第三件事主要针对商人,也就是所谓的"贱商令",禁止商人穿"锦绣绮縠絺纻罽"等材料做成的高级服装,不允许他们随身携带兵器,也不让他们坐车、骑马。这条禁令的重点在于限制商人的消费,从人格上侮辱商人,其对商业本身的发展会产生多大阻碍作用恐怕并不容易说清楚,但它对社会普通民众的心理影响却是非常大的。这条禁令明摆着向全社会宣告,商人和普通民众是不一样的,他们虽然有钱,但总归属于"贱民"行列。研读历史,我们会发现一个规律,无论出于什么目的,社会上如果有某个特定群体被单独划出来说事,往往降低了他们的地位,而且多半也会对当事人造成一种侮辱。秦代统治者还仅仅是迫害、掠夺商人,其对商人文化地位、政治地位的影响,尚不及刘邦的这条"贱商令"。商人的实际经营活动未必受到什么影响,但他们的社会文化地位却实实在在崩塌了;对后世影响也非常深远,以至于到了明代,朝廷还会出台法律来规定商人的服装样式。中国古人虽然也会羡慕商人的花天酒地、纸醉金迷,但骨子里却对商人总有着自以为是的道德优越感。寻本溯源,除了历史上存在已久的"抑商"思潮外,刘邦的"贱商令"可算是始作俑者。

关于"贱商令",司马迁的《史记·平准书》里也有记载,我们可以与《汉书》的记载比较一下:

汉兴，接秦之弊，丈夫从军旅，老弱转粮饷，作业剧而财
匮，自天子不能具钧驷，而将相或乘牛车，齐民无藏盖。于是
为秦钱重难用，更令民铸钱，一黄金一斤，约法省禁。而不轨
逐利之民，蓄积余业以稽市物，物踊腾粜，米至石万钱，马一匹
则百金。天下已平，高祖乃令贾人不得衣丝乘车，重租税以困
辱之。孝惠、高后时，为天下初定，复驰商贾之律，然市井之子
孙亦不得仕宦为吏。

汉朝初立，大家日子都过得很辛苦，连皇帝的御马厩中都找不
出四匹毛色纯一、符合天子车驾礼仪的马，而将相这种级别的高官
甚至连马车都坐不上，只能坐牛车。不用说，普通老百姓更是穷得
叮当响。秦朝的半两钱不便使用，朝廷放开了铸币权，并对货币比
价做了规定，但是一些不法商人却乘机兴风作浪、抬高物价、大发
其财。在这种背景下，汉高祖刘邦新仇旧恨一起涌上心头，发布了
"贱商令"，不准商人穿丝绸衣服；不准坐车——不管牛车还是马
车；还加重了商人的税赋，让他们过不成好日子。从史料上推断，
应该还有不让市井商人子孙入仕的规定。与《汉书》相比，《史记》
里提到"重租税以困辱之"，这就不仅在人格上侮辱商人，在经济政
策上也加重了对商人的盘剥。《史记》写作年代早于《汉书》，但在
"贱商令"的相关记载上，《汉书》可能更可靠一些。"贱商令"的重
点在"贱商"而非"抑商"，西汉初年的总体税赋水平并不高，刘邦即
使对商人"重租税"，应该也与"贱商令"的颁布非同时之事。商人
的经济地位毕竟逐年提高，其对奢侈品消费的诉求是难以阻挡的，
而且他们也有多种方式影响朝廷政策。到了惠帝、吕太后统治时
期，"贱商令"已经名存实亡了。事虽至此，但朝廷还是想尽量守住
自己最后那块禁脔——官吏队伍，坚持商人子弟不能为官的老规
矩。事实证明，这最后一条规矩也是自欺欺人。随着商品经济的

发展,商人实力的增强,此禁令也很快变成一纸空文。商人可以通过"入粟"的方式获得爵位,甚至获得到朝廷中任职的机会。官方只能限制那些在朝廷里挂号"籍户"的子弟入仕,对有钱有势的大商人却一点儿办法也没有。

三、"算缗法":汉武帝新经济
政策的是是非非

正如我们在第一讲里所说的,商业是人类社会进步的重要表征,商业发展了,良好的社会生态才能形成。对统治者而言,收取商税、消费各种奢侈品,更离不开走南闯北的商人。大概正是由于这个原因,"贱商令"并没有阻挡商业发展的步伐,重重"关梁"被取消,物流通畅,税赋轻省,西汉初年的商人仍然获得巨大的发展空间。到了汉武帝统治时期,西汉商业已经达到一个较高的水平,富商巨贾成为当时非常重要的经济和政治力量。

衡量某一特定时代的商业水平如何,我们不能仅看商人的社会地位怎样,那是比较虚的指标,大部分商人在历史上是没有机会发出声音的,但这并不妨碍商业的红红火火。我们往往看两条硬指标,第一条是有没有繁华的商业化大都市。中国古代都城大都为政治文化中心,即使有商业存在,也主要是服务于贵族的奢侈品市场。大都市的商业化程度远远不够,依靠城市生活的市民阶层并没有壮大。到了西汉时期,这种情况有所改观,以长安为代表的商业性大都市出现了,城市商品经济有了较大的发展。长安城有东、西两个专门用作商品交易的市场,市场内的商品来自全国各地,甚至还有来自外族的特产。班固在《西都赋》里写道:"街衢洞达,闾阎且千,九市开场,货别隧分。人不得顾,车不得旋,阗城溢郭,傍流

百廛。红尘四合，烟云相连。"虽有夸张，但亦可见当时长安市场的盛况。洛阳是关中与山东交通要道，在西汉也发展成一座商业化大都市，总户数达到五万多，其繁华程度甚至不亚于长安。齐之临淄、赵之邯郸等传统商业名城，在天下一统的西汉获得更大的发展机会，经过汉初几十年的休养生息，也成为境内重要的商业城市。

　　商业水平发展的第二个指标是商品种类是否足够丰富。社会越进步，分工越精细，这是符合经济规律的——精细的分工能极大地提高生产效率，我们看到现在世界上的知名大公司也往往如此，产品越尖端，公司规模越大，越有更多的细分部件制造商围绕着它运转。这其实也是人类命运共同体发展的必然规律，越高级的社会阶段越要你中有我、我中有你。商业发展更是如此，最初不过是以物易物，缺少专业市场，物品交易有很大的偶发性，交易成本非常高。当商业发展到比较高级的阶段，商业内部也会越来越细分化，呈现出百花齐放的样态。《史记·货殖列传》里这样写西汉的商业情况：

　　　　通邑大都，酤一岁千酿，醯酱千瓨，浆千甔，屠牛羊彘千皮，贩谷粜千钟，薪稾千车，船长千丈，木千章，竹竿万个，其轺车百乘，牛车千两，木器髹者千枚，铜器千钧，素木铁器若卮茜千石，马蹄躈千，牛千足，羊彘千双，僮手指千，筋角丹沙千斤，其帛絮细布千钧，文采千匹，榻布皮革千石，漆千斗，蘖麹盐豉千荅，鲐鲞千斤，鲰千石，鲍千钧，枣栗千石者三之，狐貂裘千皮，羔羊裘千石，旃席千具，佗果菜千钟，子贷金钱千贯，节驵会，贪贾三之，廉贾五之，此亦比千乘之家，其大率也。佗杂业不中什二，则非吾财也。

这段文字是重要的城市商业史料，里面有大量的量词，与我们当下的使用习惯明显不同。特别是在计算动物的时候,用的量词颇为怪异,马按"蹄躈"来算,牛按"足"来算等,这个且不必在意,我们在意的是材料中所体现的行业分类。上引文字中涉及酿酒、屠宰、酱菜、牲畜、布匹、水产、瓜果、蔬菜等数十个行当,甚至提到了金融服务和交易中介,西汉商业之发达由此可见一斑。难怪就算最高层有所谓"贱商令",社会上依然会出现"夫用贫求富,农不如工,工不如商,刺绣文不如倚市门"的现象。此外,城市服务业也发展起来,有磨刀剑、油漆、修理、装饰等行业,饮食业尤其活跃,市面上有各种各样的食品出售,饭店里的供应也十分丰富。

不仅如此,商人们还提供送货上门,《盐铁论》(卷六)中记载当时制作铁器的工商户:

> 家人相一,父子勠力,各务为善器。器不善者不集。农事急,挽运衍之阡陌之间。民相与市买,得以财货五谷新币易货;或时贳民,不弃作业。置田器,各得所欲。

这家工商户一门心思地提高产品质量,绝不让残次品流通到市场上。"问客何为来?采山因买斧",农闲时节,农民还可以到城市里购买农具,但农忙时则无此闲暇。这个时候,制作铁器的工商户把他们的产品送到田间地头,农民纷纷抢购,有时可以用"以物易物"的交易方式。如果消费者一时手头紧张,甚至可以赊账。生意能做到这种地步,可见西汉的商业发展水平。提供商品的末端配送服务,有效提高农村市场活跃度,这倒是值得我们当下的电商企业借鉴的。

刘邦的"贱商令"并没有触及商人的核心利益,对西汉商业发展造成巨大影响的是汉武帝的"算缗法"。"算缗法"对商业发展的阻碍作用,是十个百个"贱商令"也比不上的。据《史记·平准书》

记载，"算缗法"的大体内容如下：

> 商贾以币之变，多积货逐利。于是公卿言："郡国颇被菑
> 害，贫民无产业者，募徙广饶之地。陛下损膳省用，出禁钱以
> 振元元，宽贷赋，而民不齐出于南亩，商贾滋众。贫者畜积无
> 有，皆仰县官。异时算轺车贾人缗钱皆有差，请算如故。诸贾
> 人末作贳贷卖买，居邑稽诸物，及商以取利者，虽无市籍，各以
> 其物自占，率缗钱二千而一算。诸作有租及铸，率缗钱四千一
> 算。非吏比者三老、北边骑士，轺车以一算。商贾人轺车二
> 算；船五丈以上一算。匿不自占，占不悉，戍边一岁，没入缗
> 钱。有能告者，以其半畀之。贾人有市籍者，及其家属，皆无
> 得籍名田，以便农。敢犯令，没入田僮。"

"算缗法"说白了就是朝廷厚着脸皮直接从商人手中掠夺钱
财。汉武帝统治时期的汉朝不是很阔绰吗？他为何要把眼睛盯向
商人的钱袋子？其实汉武帝上台时财力的确雄厚，但那都是他祖
辈、父辈攒下的家当。也许是"儿花爷钱不心疼"，汉武帝好大喜
功，上台二十多年里，东南西北地到处打仗，特别是与匈奴打得最
狠。战争可是最烧钱的事情，用不了多久汉武帝就把祖辈攒下的
家当都折腾光了。"屋漏偏逢连阴雨"，又赶上连续几年水旱不均、
年景较差，西汉财政面临崩溃。上哪里去弄钱救急呢？以往发生
战争时，西汉朝廷都逼迫商人们捐款，但那些靠朝廷宽松政策而发
财的商人，总是挣钱开心捐钱却不开心，钱掏得很不利索。上条引
文的核心内容是对商人征税做了特别严苛的规定，商人必须如实
上报自己的资产，政府根据所报资产总量征收税赋。如果有隐匿
财产的情况，允许别人告发，这即所谓的"告缗"。告发一旦被证明
属实，被告发商人资产的一半归告发人所有，另外一半归朝廷所

有。"算缗法"实在是太荒唐、太毒辣了，完全不同于"贱商令"的务虚，那可真是刀刀见血。此法一出，商人阶层受到沉重打击。

"算缗法"的历史是非我们不妄加评论，但值得注意的事实是，即使朝廷树立了卜式那样的"义商"典型，天下的有钱人还是既不愿意无私捐款，也不愿意如实公开自己的财产数量。为了对抗朝廷的"算缗法"，富户们忙着把自己的财产隐藏起来，偷偷摸摸，无所不用其极。朝廷鼓励平民"告缗"，发动群众的力量，告发偷藏财产的富户。这样一来，不仅"商贾中家以上大氐破，民媮甘食好衣，不事畜藏之产业"（《史记·平准书》），天下告密之风盛行，平民道德更加败坏。不过汉武帝好歹也是一代名君，他的新经济政策并非全是"算缗法"这样的恶政，也有不少好制度对后世影响较大，比如收回铸币权，推行稳健的货币政策；实行"盐铁专卖""酒类专卖"，增加了朝廷财政收入；出台"均输法""平准法"等，既方便了地方政府，也限制了商人的投机行为。汉武帝对商业史的是非功过，我们这部小册子是难以给出定评的，只好留给读者去见仁见智了。

四、群豪并起：大汉王朝终成过眼云烟

西汉末年，私商势力逐渐增强，官僚和富商大贾势力勾结，土地兼并现象日益严重。《汉书·贡禹传》里，贡禹曾经说过：

> 古者不以金钱为币，专意于农，故一夫不耕，必有受其饥者。今汉家铸钱，及诸铁官皆置吏卒徒，攻山取铜铁，一岁功十万人已上，中农食七人，是七十万人常受其饥也。凿地数百丈，销阳气之精，地臧空虚，不能含气出云，斩伐林本亡有时

禁，水旱之灾未必不繇此也。自五铢钱起已来七十余年，民坐盗铸钱被刑者众，富人积钱满室，犹亡厌足。民心动摇，商贾求利，东西南北各用智巧，好衣美食，岁有十二之利，而不出租税。农夫父子暴露中野，不避寒暑，捽草杷土，手足胼胝，已奉谷租，又出稾税，乡部私求，不可胜供。故民弃本逐末，耕者不能半。贫民虽赐之田，犹贱卖以贾，穷则起为盗贼。何者？末利深而惑于钱也。是故奸邪不可禁，其原皆起于钱也。疾其末者绝其本，宜罢采珠玉金银铸钱之官，亡复以为币。市井勿得贩卖，除其租铢之律，租税禄赐皆以布帛及谷。使百姓一归于农，复古道便。

贡禹这段议论是对当时社会状况的简要概括，虽然他最终的结论是"复古道便"，取消钱币制度，取消贸易与交易，大开历史倒车，但他对西汉王朝面临的巨大危机确有独到之见。果不其然，豪强兼并、农民起义到底葬送了西汉王朝。西汉崩盘前曾有一个短暂政权——"新"，这是王莽篡位建立的政权。王莽此人是个典型的理想主义兼复古主义者，他自作聪明地推行了一系列经济改革和货币改革，不仅没有起到任何好作用，反而加速了政权的崩溃。他本人除了在历史上留下了几款设计精美的铜钱，让后世古币收藏家趋之若鹜外，恐怕再没有什么特别值得称道之事了。

刘秀建立东汉。东汉是怎样的政权，将会采取何种经济政策，我们看看刘秀的出身就知道了。刘秀出身于大量兼并土地的豪商家庭，曾经在大荒之年提高粮价，大发国难财，走的正是西汉末期豪强兼并之家典型的发家之路。刘秀在天下大乱时借"白水真人"的谶言，凭着雄厚的家族财力应运而起，最终夺取天下。跟着刘秀一起打天下的又是些什么人呢？其实也是一批富商巨贾。可以说，东汉从本质上而言就是由一批兼并豪强和富商建立起来的政权。这个政权建立后,官僚、地主、富商的利益紧密纠缠在一起,你中有我、我中有你,要指望朝廷出台限制豪强兼并、限制富商发财的政策,那几乎是不可能的。

东汉政权的性质决定了它的走向,越来越多的财富集中到官僚和富商之家,土地兼并情况也越来越严重,地方上出现了更多的豪强势力,而朝廷的实力却一步步被削弱。纵观历史,什么时候大家族的实力膨胀得无以复加了,中央政权的地位也就堪忧了。对大企业也是如此,国家总要出台政策限制企业的过度发展,否则一旦形成巨无霸企业不仅不利于社会公平竞争,而且必然会成为政治的不稳定因素。我们当然希望企业能做大做强,但设置一定的边界是必要的,历史的前车之鉴是不能忘的。

东汉大学者仲长统在他的《昌言·损益篇》中对当时的社会问题做过这样的描述:

> 井田之变,豪人货殖,馆舍布于州郡,田亩连于方国。身无半通青纶之命,而窃三辰龙章之服;不为编户一伍之长,而有千室名邑之役。荣乐过于封君,势力侔于守令。财赂自营,犯法不坐。刺客死士,为之投命。至使弱力少智之子,被穿帷败,寄死不敛,冤枉穷困,不敢自理。虽亦由网禁疏阔,盖分田无限使之然也。今欲张太平之纪纲,立至化之基趾,齐民财之丰寡,正风俗之奢俭,非井田实莫由也。此变有所败,而宜复者也。
>
> ——《后汉书·仲长统传》

在仲长统的笔下,那些靠兼并土地而发家的富商大贾是怎样的状态呢? 有钱、有势,更可怕的是这四句:"财赂自营,犯法不坐。刺客死士,为之投命。"经营着商业贸易,就算犯了法也有各种保护伞上赶着来替他们擦屁股；身边还养着一批江湖亡命徒，分分钟能组织一支危险的武装力量。特别是到了东汉末年，家族庄园恰似一个个独立王国，那些豪强兼并之家完全成了凌驾于法律制度之上的特权阶层。

表面上看，东汉的商业政策十分宽松，似乎对商业发展有利，这么好的经商环境也是商人的福音，但其实完全不是那么回事，真正得利的是那些掌握巨大财富，和官僚、宦官勾结的富商大贾。他们不仅垄断了城市里的市场供应，而且也控制了农村的经济命脉；利用水旱之灾或其他天灾人祸，从农民手中廉价购买土地，更是他们兼并的一贯伎俩。东汉初年，为了防止商人阶层膨胀过快，朝廷曾实施过"禁民二业"的政策。此项政策的出发点是好的，即规定农民不得转行从事商贾之业，而商贾也不能从事农业生产。但这项政策刚一实行就变了味，地方官员或出于利益分享，或惧怕富商势力，总之是禁止不了富商的土地兼并行为的，但他们却能管得住老实巴交的农民。本来农民利用闲暇时间种植经济作物、养个鸡鸭什么的，到了一定的时间还可以用这些东西换点儿钱补贴家用，可"禁民二业"政策一出，农民被禁止从事任何买卖行为，卖个鸡蛋、鸭蛋也成了犯法的事了。这样一来，百姓怨声载道，用不几年，到了明帝时代，"禁民二业"这项理想化的政策彻底破产。农民倒是可以搞点小副业了，但最大的得利者依然是那些富商大贾——他们可以正大光明、理直气壮地兼并土地，再也不用偷偷摸摸的了。

中小商人破产，农民生活水深火热，财富越来越集中到少数人的手中。有了钱之后可以官商勾结，可以组建军队，富商大贾、地主豪强、贪官污吏越来越合流成一股纠缠不清的势力。他们凌驾于法律和制度之上，颐指气使、飞扬跋扈、骄纵奢侈，日子过得有滋有味。不过社会政治发展到这个程度，基本上大势已去了。喜欢

《三国演义》的读者朋友，对东汉末年皇室孱弱、群雄并起、天下大乱的惨状还有深刻的印象吧？一个政权的土崩瓦解，从长的时段看，是人们信仰世界的崩坍，从短的时段看，就是经济制度、商业制度的大崩溃。

宁为太平之犬，不做乱世之人。"天街踏尽公卿骨"，历经汉末乱世的豪富之家，大概终于会懂得这个道理。

五、卜式当官：商而富则仕的典型

本讲最后，我们照例还是讲一个商人的故事，此人叫卜式。

西汉从建立以来，一直受匈奴的欺压。可以说，西汉头几十年与匈奴的外交史，简直就是一部民族屈辱史。汉武帝时期虽然表面上商业发达、天下富庶，老百姓也休养生息、安居乐业，但王朝外有匈奴威胁，内有诸王分权，光鲜的外表下隐藏着巨大的危机。当时西汉的社会风气是怎样的呢？以一个西汉人的眼光来看，那是前所未有的道德沦丧、物欲横流，不仅普通老百姓喜欢求财求利、"背本趋末"，朝廷官员也纷纷下海，做起了生意。

汉武帝虽然好大喜功，但是他在抵抗匈奴入侵、稳定国内政治方面，的确是功莫大焉——单凭这一点，他是有资格被列入中国古代皇帝群体中的领军人物的。汉武帝感觉自己的实力差不多了，于是下决心和匈奴来个彻底了断，一雪他们家自开国皇帝刘邦以来所遭受的种种耻辱。汉武帝和匈奴之间大战的细节我们就不说了，虽然结局很完美，但过程却是很惨烈的。和匈奴的仗一打起来，汉朝政府的财政马上吃紧。就在朝廷最缺钱的时候，河南大富商卜式给朝廷写了封信，恳请朝廷收下自己捐献的一半家产，把这些钱用到攻打匈奴的战争中。

汉武帝派出使者去问卜式，《史记》里记下了二人这段有趣的对话：

> 天子使使问式："欲官乎？"
> 式曰："臣少牧，不习仕宦，不愿也。"
> 使问曰："家岂有冤，欲言事乎？"
> 式曰："臣生与人无分争。式邑人贫者贷之，不善者教顺之，所居人皆从式，式何故见冤于人！无所欲言也。"
> 使者曰："苟如此，子何欲而然？"
> 式曰："天子诛匈奴，愚以为贤者宜死节于边，有财者宜输委，如此而匈奴可灭也。"

汉武帝派来的使者就问卜式，你抛家舍业的到底图什么？是不是想当官？朝廷危急时期，通过买卖官爵筹钱，在古代并不是很丢人的事。可卜式却回答，我就是个放羊的，除了当羊倌，啥也不会，朝廷的官我可当不了。卜式这么一说，使者就明白了，他不想当官，那一定是有什么冤屈，想让朝廷为他做主，那就不妨说出来吧！朝廷替你出头。但卜式又说了，我从来不跟别人争吵，街坊中有穷得过不下去的，我总是要周济他们；有调皮捣蛋的，我也去好言相劝教育他们，大家都愿意和我交朋友，我哪里会有什么冤屈呢？这样一来，汉武帝的使者彻底糊涂了，又不想当官，又不想申冤，朝廷没有什么好回报的，那卜式捐献这么多钱到底是为了什么？卜式说出了一番现在大家都懂但当时却无人践行的大道理。他说当今圣上想灭掉匈奴，那些有才能的大人、官员，应该去前线为国家尽忠，而商人没有什么治国助边的大本事，有的就是钱，那就应该捐献自己的财产给朝廷，让朝廷腰杆儿粗壮一些。这样有钱的出钱，有力的出力，匈奴一定会被灭掉。

汉武帝拿不准卜式到底是沽名钓誉还是真心实意，于是咨询自己身边最有学问的人——丞相公孙弘。公孙弘当时说了这样一句话：

> 此非人情。不轨之臣，不可以为化而乱法，愿陛下勿许。

汉武帝听从公孙弘的建议，没有理会卜式。从史料看，卜式捐钱是跑到京城来的，他满心欢喜地想做好事，结果被当头泼了一瓢冷水，只好不声不响地回老家继续养羊了。

卜式在京城碰壁的一年后，西汉军队在大将霍去病的指挥下攻破陇西地区，俘虏了匈奴浑邪王子和相国、都尉等高官。浑邪王是匈奴王族，控制着张掖一带，现在他被汉军打败，儿子、部署又被汉军俘虏，匈奴单于担心他受制于汉朝，打算杀掉他。浑邪王不得已投降了汉朝，从此汉朝占据了河间之地，并设置了酒泉郡。西汉王朝一下子接收了不少投降过来的匈奴人，又建立了新的行政单位，这些都需要花费大量钱财。虽然前些年积蓄比较丰厚，可和匈奴几仗打下来，早就囊中羞涩了，朝廷没钱，地方政府更是两手空空，到处都缺钱。偏偏在这节骨眼儿上，灾民又特别多。这些灾民靠什么生活？司马迁说他们"皆仰给县官，无以尽赡"，他们都靠地方政府救济。赈灾救荒是朝廷大事，即使再混蛋的皇帝也懂这个道理：灾民安抚好了，熬过这几个月，等新一茬粮食收获了，他们还是安居乐业的顺民；要是安顿不好，灾民没有活路，很容易激起叛乱，到那时候收拾起烂摊子来就更麻烦了。道理虽然很简单，但现在最大的问题是，这几年举全国之力攻打匈奴，如今又是纳降、又是建郡的，各地方政府早就成了穷光蛋，哪里还有钱救济灾民？就在这个关键时刻，好人卜式又站出来了，他一出手就捐了二十万钱。

等到灾荒过去，河南地方政府向朝廷递交工作报告，其中有富商捐款救灾名单。汉武帝把名单拿过来一看，一下子就发现那个熟悉的名字——卜式。他再也不顾忌丞相说卜式是什么"不轨之臣"，认为像卜式这样有道德、有担当，而且又特别有钱的人，大汉朝不是太多了，而是太少了。好人不能做了好事又吃亏，于是汉武帝下令"赐式外繇四百人"。"外繇"，指戍边的战士。这句话猛一看上去好像是皇帝赐给卜式四百个戍边战士，实际上并非如此。西汉法律规定每人每年都有戍边三天的义务，但实际上三天时间还不够路上用的，因此大部分人都选择每年向官府交钱，买断自己当年的这三天戍边义务，这笔钱称为"过更钱"，名义上由官府用这笔钱去另外雇人。汉武帝赐给卜式的就是收取这种"过更钱"的权力。一个人的"过更钱"是大约三百钱，四百个人的就是约十二万钱。卜式捐款的大部分又以奖金形式返回来，但卜式真不是那种为了钱而行善事的人。朝廷的赏赐却之不恭，他收下后转手就把这笔钱捐献给地方政府。

卜式生活的时代是什么道德水准？社会上拜金主义盛行，大多数商人都在"闷声发大财"，一切都向钱看。像卜式这样一再无私奉献的商人少之又少，这样的人不宣传、不提拔，还宣传、提拔什么人呢？于是汉武帝采取了三条举措，在全国范围内树立卜式这个义商典型：第一，封官。拜卜式为中郎，赐爵左庶长。中郎是皇帝身边近侍官员，左庶长是一个中等爵位，算起来都不是多大的官儿，但对一个养羊专业户来说，也算是一步登天了。第二，赐田。赐给卜式十顷良田，约一千多亩，如果换算成钱的话，小一百万钱的样子，数目也算可观。第三，表彰。以朝廷的名义布告天下，号召全国百姓学习卜式这种舍己奉公的高风亮节。

汉武帝的三条措施，使卜式一下子成了全国的明星人物，朝廷通过他向外界传递的信息也很明显：有钱人一定要记得为国家分忧解难，卜式就是个好榜样。根据《汉书》记载，朝廷封卜式为中郎的时候，卜式是不干的，他觉得用非所长，自己最擅长的工作还是养羊，中郎这么重要的职位，根本不适合自己。汉武帝一心想把卜式留在朝廷，于是他干脆在自己的后花园整了一群羊，请卜式专门给他放羊。对卜式来说，在最有权力的人身边，做了自己喜欢做而且擅长做的工作，人生如此，夫复何求？于是他顶着中郎的职衔，穿着破衣服、草鞋，一副羊倌的标准打扮，把替皇帝放羊当作自己最重要的事业来做。

卜式给汉武帝养了一年多的羊后被汉武帝派到地方上做官。史书记载，他连做了两任地方官，都是政绩卓然，于是汉武帝又让卜式到齐地去做了齐王的相。南越造反，朝廷碰上大麻烦，卜式站出来向汉武帝上书，声言打算和儿子一起，带着从齐国招募的勇士，到前线去为国捐躯。汉武帝接到卜式的上书非常高兴，又专门为卜式发了一个通告全国的诏令。纵观西汉历史，朝廷多次向全国发最高指示表彰某一个人，这种情况是比较罕见的。汉武帝这次发布的诏令很耐人寻味，《汉书》的版本比《史记》的更加详细。我们把《汉书·卜式传》的记载引用如下：

> 朕闻报德以德，报怨以直。今天下不幸有事，郡县诸侯未有奋繇直道者也。齐相雅行躬耕，随牧蓄番，辄分昆弟，更造，不为利惑。日者北边有兴，上书助官。往年西河岁恶，率齐人入粟。今又首奋，虽未战，可谓义形于内矣。其赐式爵关内侯，黄金四十斤，田十顷，布告天下，使明知之。

这份诏书其实分两层意思，第一层是汉武帝对天下官员的批评。汉武帝引经据典告诉官员，天下动荡不安，正是需要你们报效朝廷的时候，但是你们却没有这样做。虽然皇帝没有直接痛斥那些官员，但这已经是非常严厉的批评了。紧接着第二层是对卜式的表扬。首先回顾了卜式光辉的过去：卜式当商人时就是个著名的义商。现在当官了，一听说朝廷有事，马上申请带着儿子从军出征，虽然还没真的到战场上厮杀，但其忠肝义胆表露无遗。汉朝现在就需要这样的好官，就要大力奖赏这样的好官！卜式被封为关内侯，赐黄金四十斤，良田十顷，朝廷再次号召天下官员向卜式学习。

汉武帝后来又提拔卜式担任御史大夫。御史大夫是全国最高的执法官员，任重事繁，这其实已经超出卜式的能力了。卜式上任后做了两件事，都是针对汉武帝自鸣得意的新经济政策的，一件关于盐铁官营，一件关于商船收税。铁器本来是私营的，质量和价格都是由市场控制的，老百姓有选择的余地，质优价高，天经地义。汉武帝实施改革，由政府官营铁器。官营也没什么太大问题，但是官府作坊制作的铁器质量非常差，价格却高得离谱。其实高得离谱也没什么，老百姓嫌贵不买就是了，但是官府不依不饶，非要强迫老百姓买，这样一来就搞得怨声载道。卜式认为这种坑害老百姓的政策应该予以取消，让市场发挥自动调节功能，政府少干那些徒招民怨的事。至于商船收税，其实也是个经济学问题，商船收税了，物流成本高了，愿意通过航运经商的人自然少了。这样物流不畅直接造成物价上涨的结果，商人当然没落到好，但是最终吃亏的还是百姓，看来政府不应该贪图"商税"这点小利，破坏了整个市场的繁荣。

卜式是个真诚的商人，他对市场规律做出的阐述、对朝廷经济政策的批评，都是从商人的实践角度出发的。大概因为这两条不合时宜的意见，卜式在汉武帝心目中的地位打了折扣，汉武帝觉得这个人太不讲政治了，还真不如在后花园里安安静静地养羊。果不其然，不久后汉武帝要封禅泰山，就借口卜式没文化，怕在这种盛世大典上丢了泱泱大朝的脸,于是撤了他御史大夫的位子,给换成太子太傅这样的闲差。卜式虽然失去了汉武帝的宠信,但并没有失去汉武帝的尊敬,最终的结局还不算太差。

从秦国的商鞅变法,到西汉的"贱商令",商人越来越被边缘化,逐渐在历史中失去了话语权。卜式能出现在汉武帝时代的历史记载中,的确是个异数。卜式的出现并非偶然,他迎合了汉武帝急欲改变世风的诉求。汉武帝不过是借卜式来激励、羞辱那些为富不仁的富户,当然也是要为自己的新经济政策造势,特别是他的"算缗法"。在汉武帝经济政策大调整的布局中,卜式不过是其中的一颗棋子而已。汉武帝借抬举卜式而大行"算缗法",客观上严重抑制了西汉商业经济的发展,但这个后果的确不是一个真诚、无私的商人所能承担得了的。

推荐阅读

1. 司马迁:《史记》,中华书局 1982 年版。

2. 班固:《汉书》,中华书局 1962 年版。

3. 范晔编撰:《后汉书》,中华书局 1965 年版。

4. 钱穆:《秦汉史》,生活·读书·新知三联书店 2005 年版。

5. 石磊译注:《商君书》,中华书局 2009 年版。

第四讲
繁华时代:《清明上河图》
背后的商业世界

　　大唐首都长安城里酒店遍布,甚至不乏西域商人来此创业——"笑入胡姬酒肆中",人们可以在这里开怀畅饮异域的葡萄美酒。朝廷有条古老的规矩,即超过一定品级的官员不能去市场转悠,不过唐朝商业发达,有时候当朝宰相也经不住诱惑,偷偷地到早市上买点美味早点。宋朝则更加开放,官员家里来了客人,主人既不用准备酒具,也不用置办菜肴——他会带着客人一起下馆子。中国商业自隋唐开启一轮新的发展历程,至北宋时期已经达到繁盛的程度。中世纪欧洲城市一到夜晚就一片黑黢黢,看不到一点儿光亮,而同时代的中国大城市已经能向大众提供通宵达旦的娱乐服务了。

　　宋人有部野史笔记叫《北窗炙輠录》,里面记载了一则有趣的故事。某天晚上,宋仁宗在皇宫内听到宫墙外传来阵阵丝竹歌笑之声,感到很诧异——这不年不节的怎么会有这么欢快的音乐传来呢?宋仁宗是个超级"宅男",他一辈子走出皇宫的次数扳着手指头都能数过来,所以他完全搞不清状况,于是就问身边的宫女。宫女说这是东京城里的酒楼正在举办歌舞夜宴呢!仁宗这个人脾气比较好,和手下工作人员的关系比较融洽,宫女们乘机撒娇道:"官家且听,外间如此快活，都不似我宫中如此冷冷落落地。"仁宗毕竟是一代明主，小事上好商量，原则问题绝不糊涂，他借机给宫女们上了一堂廉政教育课，他说："汝知否？因我如此冷落，故得渠如此快活。我若为渠，渠便冷落矣。"宋仁宗虽然故作姿态，板起面孔讲了一番大道理，但他也不得不承认，大宋的民间娱乐业、餐饮业十分发达，百姓夜生活的热闹程度远超过自己的皇宫。更重要的是，虽然商人在文化层面上依然受到歧视，但历史上的种种"抑商"政策的确在唐宋时期逐步终结，商人不必非要靠巴结官宦、寻找保护伞、搞特权专营才能发财，他们完全可以凭借自己的勤劳智慧发家致富。我们甚至可以说，在唐宋时期，商人们终于迎来真正属于自己的阳光灿烂的日子。

　　说到商业文化史,我们一定要感谢北宋一位叫张择端的宫廷画家,他像一个高明的导游,用自己的作品《清明上河图》,带着我们穿越千百年的岁月风尘,领略大宋东京城的车水马龙、物阜民丰。研究古代历史,往往缺乏直观的影像资料,年代越久,留下的图像就越少,大部分时间我们要靠文字资料来重绘古代经济生活的真实图景。那些历经岁月淘洗沉淀下来的文字虽然吉光片羽般展现给我们些许信息,但却隐藏了大部分历史实相,而这幅《清明上河图》可算是宋代民风民俗、消费生活最好的历史记录,它所呈现给后世读图者的信息,甚至远远超过普通的史料笔记。《清明上河图》描绘的是北宋东京最繁盛时的景象,虽说画的是一城一地,但这种高度商业化的城市样态是隋唐以来数百年商业发展的积累。凝视这幅画,我们所凝视的是7—12世纪中国城市成长的缩影。《清明上河图》称得上是商业发展里程碑式的标记,既然本讲谈的是唐宋商业文化变迁,那么就让我们以《清明上河图》为引子,先从市场的存在形态说起吧。

一、城市,商业让生活更美好

　　城市的繁华程度是一个时代商业发展的重要指标。两汉和魏晋南北朝时期,我国境内已经有了繁华的商业都市。都市由传统的政治中心开始向政治、经济中心转变,消费群体日益增多,服务业逐渐发达。汉代都城有专门的商品交易场所,即所谓的"市",也有专门的市场管理人员。因这种"市"与普通民众居住的场所"坊"是分开的,所以历史上称这种大城市商品经营与居民生活的空间安排为"坊市"制。

唐朝长安城的市区设置,堪称"坊市"制度的标本。整个城市像棋盘一样被划分了 108 个方格区域,其中有两个地方专门用来做交易市场,分别称为"东市"和"西市",面积各有两坊之地。20世纪 60 年代,有关部门曾对古长安的"西市"遗址进行实地勘察,测量出来的结果是它南北长 1 031 米,东西宽 927 米,占地差不多一平方公里,大约两个天安门广场那么大。西市四周各有宽 4 米的围墙,市中有四条宽 16 米的大道,南北、东西向各两条,构成"井"字形,将西市划分为九个方形区域。市内四面立邸,设 220行,有秤行、鼓行、笔行、肉行、鱼行、金银行、铁行、衣肆、药材肆、饮食店、寄附铺、波斯邸等。唐朝的长安城中活跃着不少外国商人,其中以波斯、大食人居多,长安人也分不清楚这些外国人都来自何方,干脆统称他们为"胡人"。"胡人"大都居住在长安城西部,所以经营店铺也多在西市。李白《少年行(其三)》诗云:"五陵年少金市东,银鞍白马度春风。落花踏尽游何处? 笑入胡姬酒肆中。"据郁贤皓先生注释,西为兑,五行属金,故西市亦有"金市"之称;"胡姬",指那些来自西域的年轻女子。当时"胡人"开设的酒店中多有美丽善舞的西域女子提供服务,李白、岑参、白居易等唐代大诗人的诗中多次提到她们。李白这首诗描绘的就是长安贵族青年游春归来,相约到西市"胡人"所开的酒店中畅饮美酒的情景。有一个关于西市的传说很有趣,说的是天上的北斗七星耐不住寂寞,偷偷地到人间快活一下。他们去了哪里了呢? 长安西市的酒楼。七星下凡的事儿被大唐"第一半仙"李淳风给掐算出来了。李大师向唐太宗做了汇报,唐太宗赶紧派人到西市酒楼去找七星,结果还真给他找到了——七星化作七个僧人正在酒楼里围着一个大酒缸狂饮呢。太宗想请他们去皇宫见见面,顺便聊聊天上的事,那七个僧人用哈哈大笑来掩盖他们被人识破的尴尬,说:"此必李淳风小儿言我也。"大笑之声余音绕梁,七个人却瞬间全部消失,只剩下一大缸酒和一群目瞪口呆的凡夫俗子。这则传说最早出自唐人写的《国史纂异》,宋人朱翌又饶有兴趣地抄到自己的《猗觉寮杂记》里。其实无论东市还是西市,都是商人追逐金钱利益的去处。按规定朝廷五品以上的高级官员是不能出现在这里的,以免给人造成与民争利的误会。看来"笑入胡姬酒肆中"这样的快意生活,朝廷上的大老爷是无福消受的,如果一定要来的话,恐怕也要偷偷摸摸、非常低调才行。至于天上的神仙,虽然不受人间法律约束,但大概也不能随随便便擅离职守、下凡消费,否则七个老僧也不会闪得那么快。

东市、西市里有专门的官吏掌管市内交易、维护治安,市中经营的商户在自己的店铺里合法经营,不能随意占用门前公地"更造偏铺"——看来禁止工商户"占道经营",唐代就已经写入法律了。随着经济发展、人口膨胀,城市的消费需求也水涨船高,原有"坊市"制度的局限越来越明显。偌大的长安城,上百万市民的日常消费,单凭两个大市场是满足不了的,而且也不便于市民生活——如果住在城东南,想到西市去打瓶酱油,来回走路也要折腾个大半天。实际上唐代的长安城已经有许多走街串巷的流动商贩,贩卖各种日常生活用品。据史料记载,太府卿崔洁有一次出门访友,就在兴化坊遇到一个叫卖鲜鱼的小商贩,他让手下人购买了十斤。虽说采用坊市分离这种城市空间安排,很重要的目的是为了保障城市安全,商人是不允许在坊中开设店铺的。但群众的智慧永远是无穷的,他们极富耐心,不断地触碰、突破原来的制度红线。唐朝长安城的不少居民坊中,其实早就出现了小店铺、手工业作坊和旅店等，一开始还"犹抱琵琶半遮面"，后来生意越做越大，索性也不遮遮掩掩了。不少开在居民区的店铺甚至成了远近闻名的老字号，如永昌坊茶肆的茶叶、昌乐坊的梨花蜜、辅兴坊饼店的胡饼等，都是深受长安消费者喜欢的商品。到后来，一些奢侈品商店也渐渐开进了居民区，如延寿坊开了一家金银珠宝店，在当地已颇有名气。不过长安市民要购买大件物品，或者像"五陵年少"那样去胡人酒店里一醉方休，还是要到东市或者西市去消费，正像我们现在虽然可以在小区的杂货店打酱油，但真要进行数额较大的消费，还是喜欢到大型购物商场去"血拼"，道理都是一样的。

说完了"市"，我们再说说"坊"。长安市民居住的地方称为"坊"，方方正正的，四周有坊墙，坊门早晚都要定时开闭。长安、洛阳等都城，坊门开闭以击鼓六百下为号。最初只是在宫城的承天门击鼓，让骑卒在各条大街上传呼，鼓声停息，坊门关闭。后来人们大概嫌这种方法不够方便，贞观十年（636年），根据马周的建议，取消骑卒传呼这一环节，改成在各条街上都设置大鼓，通称"街鼓"。我们可以闭上眼睛想象一下，唐朝长安的日常应该是这样的：天刚蒙蒙亮，宫城承天门开始击鼓了，长安的城门打开了。设置在各街道的街鼓跟着"咚咚咚"地响起，连续敲六百下，至少也要敲十多分钟，比任何闹钟都更执着。鼓声停息，坊门开启，街上可以自由通行了，长安城新的一天正式拉开大幕。到了黄昏太阳落山，承天门的鼓声按时响起，城门随即关闭。街鼓也开始敲击六百下，此时还没有回家的市民得加快脚步往回赶了，因为鼓声停息，坊门即刻关闭，街上不得再出现行人。如果击街鼓六百下之后，依然有人在街上晃悠，则属"犯夜"，会被官府抓起来捆一夜，甚至还要受到"笞二十"的责罚。

唐人沈既济的《任氏传》里有一段描写，生动地反映了唐代的城市风貌：

　　将晓，任氏曰："可去矣。某兄弟名系教坊，职属南衙，晨兴将出，不可淹留。"乃约后期而去。既行，及里门，门扃未发。门旁有胡人鬻饼之舍，方张灯炽炉。郑子憩其帘下，坐以候鼓。

　　《任氏传》讲的是人狐之恋传奇。郑六惑于狐女任氏美色，随任氏到其家中，次日天亮前，任氏找借口让郑六出门。结果因时间太早，郑六住处的里门还没有开，他只能在里门旁的饼店休息，等着街鼓敲响。故事里虽然讲到了"夜禁"之事，但也提到了里门口的胡人饼店。此饼店开在坊门旁边，天不亮就开始营业，一方面显示长安商户的经营地点已渐渐突破市坊的限制，另一方面，我们也可以发现唐代商户的经营时间已经大大拓展。《唐会要》里也记载到，这种"夜禁"制度逐渐松弛："因循既久，约勒甚难。或鼓未动即先开，或夜已深犹未闭。""街鼓"越来越成为摆设，商户的经营时限明显延长，市民的消费和作息习惯也逐渐改变。

　　到了唐朝后期，官方文件经常有强调"向街门户，悉令闭塞""夜市宜令禁断"的内容，可见商户渗入居民区经商的现象已非罕见，而夜晚的消费活动也越来越红火了，以至于朝廷出于安全需要，不得不一再下令禁止。在远离长安的其他城市，面街开店和夜市更是公然盛行，如扬州便是如此。唐朝诗人王建在《夜看扬州市》写道："夜市千灯照碧云，高楼红袖客纷纷。如今不似时平日，犹自笙歌彻晓闻。"王建眼中的扬州夜市，其实已经与宋代夜市相差无几了。

　　"坊"本来是四周封闭的居民区，除了坊门外，临街不得开门窗。这一规定在五代时期已经被突破了，人们不仅可以面街开户，而且也可以临街开店，城市的房价也会因是否面街而贵贱不同。到了宋代，坊市制度已经全面瓦解，这种制度上的变化并非出于朝廷设计,而是城市商业迅猛发展、市民消费需求高速增长的必然结果。宋代的城市工商业者可以自由选择经营地点,经营时间也不受限制,"夜市"的合法性已经得到朝廷的认可。东京的夜市非常热闹,歌舞喧嚣居然能穿透重重宫墙,引起仁宗皇帝的注意。杭州的夜市也毫不逊色,"杭城大街买卖,昼夜不绝,夜交三四鼓,游人始稀,五鼓钟鸣,卖早市者又开店矣"(《梦粱录》卷十三),杭州成了地道的"不夜城"。宋朝从商业发展中获得巨大利益,宋初朝廷一年的商税收入约四百万贯,而到了宋朝第四任皇帝仁宗时,商税收入已经增加到二千二百万贯,是宋初的五倍多。

我们再回过头来看看张择端《清明上河图》里描绘的北宋东京,这是一个不同于以往时代的新型商业化都市形象,商业活动已渗入市民生活的方方面面,商税已成为国家财政的重要收入。这大概是《清明上河图》背后隐藏的真正秘密。

二、"抑商"时代的终结

自秦汉开了"抑商""贱商"的恶例之后,商人的文化地位一直不高,虽然贫穷的普通人也梦想能通过经商致富,但在心理上,他们依然感觉自己有资格站在高高的道德平台上,蔑视那些辛勤奔波以求利的商人。

唐朝政治稳定、经济繁荣、思想开放,但在士大夫们建立的鄙视链中,商人依然处在比较低的位置。唐高祖时对"工商杂类"的衣服颜色做了规定,他们只能穿白色的衣服;唐高宗时则规定他们不能骑马。这种歧视商人的政策可以看作对汉初"贱商令"遥远的呼应,但随着商人阶层经济实力的增强,这种歧视政策越来越只具有符号意义。虽然如此,不允许商人子弟入仕这条规定却在大部分时间得到遵守，不过这主要针对的是那些有"市籍"者——他们古老的出身可上溯到先秦时代的商业奴隶，处于鄙视链的底端，士大夫自然不齿于与他们为伍。唐太宗曾对房玄龄说：

> 朕设此官员，以待贤士。工商杂色之流，假令术逾侪类，止可厚给财物，不可授之官秩，与朝贤君子比肩而立，同坐而食。
>
> ——《旧唐书·曹确传》

唐太宗的禁令对唐代商人影响巨大，在唐朝的大部分时间里，商人是不能获得入仕机会的。如果自己的祖父或父亲曾入"市籍"，就算自己早已改行做了庶民，也不被允许入仕。没有"市籍"的商人，想做官其实也是很难的；即便步入仕途，他们也往往不能获得较高级的职位。而作为唐朝选拔人才的重要手段——科举考试，则一直不允许商人或商人子弟参加。武则天时代，士大夫依然对商人阶层抱有厌弃之情。有一次武则天在内殿赐宴招待官员，她的男宠张易之找来一个四川商人在宴席前表演博戏，以此活跃宴会气氛，结果引起大臣韦安石的激烈反对：

> 安石跪奏曰："蜀商等贱类，不合预登此筵。"因顾左右令逐出之，座者皆为失色。则天以安石辞直，深慰勉之。
>
> ——《旧唐书·韦安石传》

韦安石打心底里瞧不起商人，认为他们属于"贱类"，不能登大雅之堂。就算是张易之炙手可热、权倾朝野，他也毫不留情，甚至不怕扫了武则天的兴，自说自话地把表演博戏的商人赶了出去。好在武则天毕竟是有些涵养的一代女主，她不仅原谅了韦安石无礼的行为，而且还夸奖了他。

到了唐玄宗时代，大唐王朝已步入鼎盛时期，经济更加繁荣，思想也更为开放。商人在经济生活中不可替代的地位，使他们获得更高的社会认可度，士与商的交流也逐渐增多。唐玄宗本人对商人的态度远较他的前辈们开放，《独异志》里记载了这样一个故事：

> 唐富人王元宝，玄宗问其家私多少。对曰："臣请以一缣系陛下南山一树，南山树尽，臣缣未穷。"时人谓钱为王老，以有元宝字也。玄宗御含元殿，望南山，见一白龙横亘山上。问左右，曰不见。令急召元宝问之，元宝曰："见一白物横在山顶，不辨其状。"左右贵人启曰："何臣等不见，元宝独见也。"帝曰："我闻至富敌至贵。朕天下之主，元宝天下之富，故见耳。"

这段小故事里说的王元宝，原名"王二狗"，本是长安的一个普通贩丝商人，后经高人指点，改行做奢侈品生意——贩卖琉璃，结果发了大财，成了长安巨富，以至于长安人称他们使用的"开元通宝"钱为"王老"。《独异志》里的这条材料说明了几个问题：第一，玄宗时代的大商人，其财富已经达到惊人的地步；第二，作为高高在上的皇帝唐玄宗，其对商人的地位是认可的，他认为政治上的"贵"与经济上的"富"，在某种程度上是对等的，即所谓的"富可敌贵"。社会上鄙视商人的心理自秦汉已降无代无之，但至少在这个故事里，我们看不到唐玄宗蔑视有钱商人的证据。有资料显示，唐朝的大商人主动向朝廷捐献巨款，也得到皇帝的尊重，《中朝故事》记载：

> 京辇自黄巢退后，修葺残毁之处。时定州有儿，俗号王酒

胡,居于上都,巨有钱物,纳钱三十万贯,助修朱雀门。上又诏
重修安国寺毕,亲降车辇以设大斋。乃十二撞新钟,舍钱一万
贯,命诸大臣各取意击之。上曰:"有能舍钱一千贯文者,即打
一槌。"斋罢,王酒胡半醉入来,径上钟楼连打一百下,便于西
市运钱十万贯入寺。

　　起义军撤退后,京城一片萧条,商人主动参与城市的战后重
建,有个外号叫"王酒胡"的商人向朝廷捐了三十万贯钱,用来重修
被毁的朱雀门。唐昭宗到重建的安国寺中设斋祭拜,庙中新钟铸
成,他敲了十二下,捐了一万贯钱,然后号召大臣敲钟捐钱,每敲一
下捐一千贯钱。皇帝一行人斋醮结束后,王酒胡来到钟楼,连敲了
一百下钟,然后让人将十万贯钱运到安国寺中——他捐钱的数目
竟是皇帝的十倍! 也许我们对十万贯钱没有什么概念,其实这的
确是一笔巨大的财富,单从重量上看,一贯铜钱约合今四公斤,十
万贯钱应该是四十吨左右。四十吨铜钱,如果用马车来运输的话,
大概需要上百辆马车才能拉得动。富商高调捐款,无疑也提高了
自己的社会地位。对于那些士大夫而言,可以在心底里抱有对商
人的蔑视,但不得不承认,这个朝廷、这个国家真的是离不了商人。
　　中唐大诗人白居易有一首著名的《琵琶行》,被认为是描写音
乐的千古绝唱。诗中的琵琶女是商人之妻,正是由于"商人重利轻
别离,前月浮梁买茶去",她难以排解独守空房的寂寞,这才在江上
邂逅了"同是天涯沦落人"的白居易。整首诗中虽然只有一句直接
提到了商人,但亦可暴露出唐代士大夫阶层对商人"重利"本性的
深刻偏见。不过换一个角度看,在唐代以前,商人及他们的家人,
很少有机会进入文人士大夫的文学作品中,以至于留给后世的商
人资料非常少,而白居易虽然对商人"重利"抱有偏见,但他毕竟用
自己的如椽大笔书写了商人家庭的不幸与哀伤,这一点是很重要

的。虽然在文学作品中,商人"逐利"的本性受到尖锐的批评,但同时也反映了商人的生存状态和情感世界,引起人们对商人这一群体的关注。白居易除了这首《琵琶行》外,还有《盐商妇》《商人妇》等诗歌反映了商人家庭生活,元稹、张籍的《估客乐》等,也把关注的目光投向商人。唐人反映商旅艰辛的绘画作品《盘车图》,更成为后世画家的重要表现题材,诗人也多有题咏,这说明商人的文化地位已经逐渐提高,他们已经通过文人和画家之笔在历史上发出声音。唐朝富商大贾"常与朝贵游",如王元宝、杨崇义等人更是喜欢投资读书人,"延纳四方多士,竞于供送,朝之名僚,往往出于门下,每科场文士,集于数家,时人目之为豪友"(《开元天宝遗事》)。商人通过与官宦、士子交游,已逐渐渗入政治领域,这对他们社会地位的提升大有裨益。

唐朝商人大体是这种情况,那么宋代又是如何呢?和唐代相比,宋代商人的社会地位获得更大程度的提高,这从科举和婚姻两个方面即可看出。我们先看看科举。宋代的商人是可以参加科举考试的,甚至也可以出任官职,这与唐代相比是个很大的进步。虽然宋初法律规定"工商杂类"不能参加科举考试,也不能担任朝廷官员,但是随着商人政治影响力的增强,法律规定允许商人中有"奇才异行"的人参加科举考试,而商人的子弟也可以应举。其实禁止商人子弟参加科举考试的禁令在晚唐时期已经出现裂缝,比如晚唐黄巢就是商人子弟,其家世代以贩卖私盐为业,他也被允许参加了唐朝的科举考试。虽然朝廷法律有不少针对商人的禁令,但现实世界像一张大网,总是会给他们留下许多进身的空隙。宋朝真宗、仁宗时代,商人子弟考取进士的记录渐渐多了起来。更有甚者,北宋末年政治腐败,徽宗时代的大宦官梁师成曾接受一百多名富商的贿赂,居然让他们都过了一把"金榜题名"的瘾。南宋时期,商人或商人子弟参加科举考试也所在多有,宋高宗时期甚至出现了茶商找人代考过关，最终获得朝廷任命的大丑闻。商人可以科举入仕，反过来士子也多有弃儒经商的，他们或迫于生计，或科场蹭蹬，改行走上了经商之路。如宋宁宗时，福州士子林自诚本是读书人，后来"捐弃笔砚，为商贾之事"；饶州士人黄安道多次参加科举考试都落榜，于是改行做了商人，后来又不得已重新从事举业，最终考中进士。虽然有些守旧人士坚持对商人的偏见，但士和商之间的融合与相互转换，在宋代的确已经不是什么新奇之事。

至于婚姻，富商人家喜欢与士人或官宦之家联姻，以此提升自家的社会地位。每次科举考试放榜之后，有不少富商和官宦人家到榜下找新科进士联姻，一日之间"中东床者十八九"。科举放榜之日抢女婿，几乎成了东京城的一大风俗。来抢女婿招亲的人，有时候会和那些新考中的进士在金榜下就嫁妆的多少锱铢必较，跟市场里买白菜讨价还价差不多，闹得实在不成体统，以至于大臣司马光上书皇帝，请求禁止这种有辱斯文的"榜下捉婿"行为。不仅投资新科进士，一些富商还竞相与皇族宗室联姻，借此获得皇室亲戚的身份。有需求就有市场，一切都可以成为"生意"。到后来娶不同级别的宗室女儿做媳妇，竟然也明码标价，真是令人哭笑不得，比如"县主"的价格为"五千贯一个"（县主，诸王或皇室近亲之女的封号）。《续资治通鉴长编》卷四百七十二有这样的记载：

> 太皇太后曰：一事甚悔，前日乃往问帽子田家，见说是家凡十县主，每五千贯买一个，国家宁要汝钱也？是何门当户敌？

开封一个做帽子生意的富商，居然以每个五千贯的价格，娶了十个宗室女儿，这让太皇太后向氏感到很没面子。其实帽子田家还不是娶宗女最多的，宋人朱或在其《萍洲可谈》中记载：

近世宗女既多，宗正立官媒数十人掌议婚，初不限阀阅。富家多赂宗室求婚，苟求一官，以庇门户，后相引为亲。京师富人如大桶张家，至有三十余县主。

京城做大桶生意的张家，竟然娶了三十多个县主，幸亏太皇太后向氏不曾了解这一信息，否则的话一定会更加生气。

既然商人这么热衷与宗室或士子婚配，那士子有没有主动和商人子女结婚的呢？其实在北宋随着商人地位的提高，"贱商"已逐渐退潮成一股思想潜流，不太被拿到桌面上说事。连皇帝亲戚都抵挡不了诱惑，纷纷与富商结亲，普通士人中当然也不乏其人。北宋大文豪晏殊喜欢奖掖后进，范仲淹、韩琦、欧阳修说起来都是他的门生。晏殊当宰相时推荐了一个叫凌景阳的官员担任清要之职——"馆职"。朝廷已经让凌景阳参加专门的考试了，此时担任谏官的欧阳修上书反对。欧阳修说朝廷馆阁之臣都是文人极选，不仅文笔要好，还要是正人君子。这位凌景阳呢不仅学问一般，还"给婚非类"——竟然和一个酒店老板娘结婚了。在欧阳修看来，凌景阳追求酒家女，显然是为了金钱而自贬身价，所以"推此一节，其它可知。物论喧然，共以为丑"。朝廷听从了欧阳修的建议罢免了凌景阳，搞得举荐人晏殊很没面子，一气之下把欧阳修调出京城，没想到这却惹恼了整个谏官群体。欧阳修的同事开始联合弹劾宰相晏殊，晏殊最终被灰溜溜地贬出京城。还好仕途上的不圆满成就了晏殊那些珠圆玉润的文字——他留下的一部《珠玉词》成了中国古典诗词宝库中的珍品。从这个案子可以看出，士人和商家女也可以擦出爱情火花，只不过像欧阳修这样以复兴儒道自认的官员，还是打心底里不能接受而已。

就算欧阳修再不喜欢，商人的地位毕竟在宋代获得极大提高，这不是一份欧阳修的奏章所能阻挡的，也不是太皇太后向氏的几声叹息所能改变的。有人认为中国古代的"贱商"偏见终结于宋代，这种看法是符合历史事实的。

三、繁荣的文化市场

中国古代商业经营特别重视口碑，大概自东汉时起，市面上开始出现各种各样的名牌产品。正像歌星、影星的出现是演艺市场繁荣的结果一样，大量名牌商品的出现，也是商品市场繁荣的重要表征。唐宋以来，市场上各种名牌产品明显多了起来，这些商品的价格虽然比一般产品昂贵许多，但依然受到消费者的欢迎。在众多的名牌产品中，有一类特殊的产品在唐宋时期大受欢迎，其市场活跃程度远远超出了前代，这就是名人字画和文学作品。

其实随着纸张的发明和推广，书法、绘画作品已经开始走入人们的审美视野，并逐渐具有商品价值。东汉末年，有人用自己的书法作品到酒店里换酒；魏晋南北朝时期，艺术作品的商品属性已经得到市场认可——王羲之的一个字可卖百钱，萧子云三十幅作品竟然可以"获金货数百万"，大画家顾恺之用一个多月的时间画一幅维摩诘像，完成后"得钱百万"。雕版印刷术还没有被发明，唐朝以前不具备形成专业书籍市场的条件。可是到了唐代，不仅已经出现专门的书肆，书画市场与前代相比也更加繁荣、规范。大书法家柳公权的书法名重当时，影响力甚至远播域外。据《旧唐书》记载，当时外邦进京朝贡，往往要另外准备一笔资金，专门用来购买柳公权的书法作品。书法艺术品成为商品，著名文人、书法家从某种程度上直接参与了商业活动，这也无形中也提升了商人的地位。

《新唐书·欧阳通传》记载了这样一个小故事：

> （欧阳）通蚤孤，母徐教以父书，惧其堕，尝遗钱使市父遗迹，通乃刻意临仿以求售，数年，书亚于询，父子齐名，号"大小欧阳体"。褚遂良亦以书自名，尝问虞世南曰："吾书何如智永？"答曰："吾闻彼一字直五万，君岂得此？"曰："孰与询？"曰："吾闻询不择纸笔，皆得如志，君岂得此？"遂良曰："然则何如？"世南曰："君若手和笔调，固可贵尚。"遂良大喜。

欧阳询、智永、褚遂良、虞世南都是唐朝的大书法家。欧阳询去世后，夫人督促儿子欧阳通学习书法，甚至给他钱让他到市场上购买父亲的书法作品回来临摹。欧阳通刻苦练习，过了数年他的书法作品也得到市场的认可，与父亲欧阳询齐名。接下来的故事更有意思。褚遂良觉得自己的书法很了不起，就问好友虞世南，自己的字与智永的比起来如何？结果虞世南回答说，智永一个字的市场价是五万钱，你的字可达不到这个价格。褚遂良又提出与欧阳询比如何，结果还是比不过。最后虞世南告诉他，他写字时如果手感顺了、笔意和畅，写出的字也是比较值钱的。褚遂良听了之后很满足。唐朝书画作品市场化，欧阳通学习父亲的书法，也要到市场上去购买原作；文人们讨论书法作品，以价格衡量作品优劣，也并没有觉得有什么不妥。

到了宋朝，文化市场更加火爆。宋代举子考试结束后，考中者的答卷会很快在东京市场上热卖。欧阳修考中省元，书贩子大量印刷出卖他的答卷，以至于短时间内供大于求，满东京城都能听到有人叫卖"两文来买欧阳省元赋"。宋代书籍和书画市场的主要消费者是文人士子。王得臣是北宋大学者，留下几部著名的史料笔记，是研究宋史者案头常备之书。当年他也经常去东京汴梁的大相国寺市场淘宝。有一次他在一家书摊上买到一本唐朝漳州刺史张登文集的残本，上面还有唐朝名相权德舆所作的序。好多京城大藏书家的书架上没有的珍品，也可以在大相国寺的书画市场上找到，如郑康成注的《汉宫香方》，五代"不倒翁"冯道的诗集，甚至唐朝才子罗虬写给妓女的《比红儿诗》等。不仅前朝的书籍可以放到大相国寺的书画市场上卖，就算是大宋当朝名人的作品，甚至包括文章草稿，也会出现在东京城的文化市场上。北宋大诗人、大书法家黄庭坚常常到大相国寺里转悠，有一天居然买到一册宋祁的手稿。宋祁是北宋鼎鼎有名的大文豪，因写出"红杏枝头春意闹"的绝妙好词，人们称他为"红杏尚书"。宋祁还有个大贡献就是，二十四史中《新唐书》的好大一部分是他写的。黄庭坚买到了宋祁的手稿如获至宝。宋祁在手稿上的涂改之处，能清晰地显现出他写文章的构思、修改过程。搞到这份手稿并加以研究后，黄庭坚的写作水平突飞猛进，把宋大文豪的看家本事都学来了。

宋代大词人李清照刚结婚时，与丈夫赵明诚也是东京文化市场的常客。她在《金石录后序》中记载：

> 侯年二十一，在太学作学生。赵、李族寒，素贫俭。每朔望谒告，出，质衣，取半千钱，步入相国寺，市碑文果实。归，相对展玩咀嚼，自谓葛天氏之民也。

"侯"是指赵明诚。刚结婚时，赵明诚还是学生，到了学校放假时，他就跑到当铺里把衣服当掉，换"半千钱"（北宋的"半千"并不是五百，仁宗时大约是三百八十五文），跑到大相国寺市场里买点古碑拓片，然后再买点时鲜水果，回家和妻子李清照一边研读古文字一边吃吃喝喝，快乐无比。

大相国寺的书画市场是文人墨宝的重要集散地，当代文人的书帖也能在这里找到。宋人张邦基在大相国寺书画市场见到了苏轼的墨宝,是苏轼在海南获得大赦准备回中原时,赠给当地秀才黎子云的一首诗。诗写在一种价格低廉的粗纸上,但是这张不值钱的纸因为有了苏轼的手迹而大大升值了。苏轼还在这首赠诗后面加了个注解:"新酿甚佳,求一具理(瓶罐之类的器皿),临行写此,以折菜钱。"大意是黎子云家新酿的酒非常不错,自己跟他要了一坛子酒,"秀才人情纸一张",就拿这首诗当菜钱吧。几年后,这张浸透着苏轼的睿智、幽默和达观的粗纸,竟出现在大相国寺的书画市场上,当真"以折菜钱"了。黄庭坚成名后,他的手稿也成了大相国寺书画市场上的抢手货。黄庭坚受老师苏轼的牵连,被贬到偏远的黔州,后来遇到大赦境遇才稍有好转。有一次人家送给他一幅"蚁蝶图",画的是两只蝴蝶被蜘蛛网网住了,正拼命挣扎着,而蜘蛛网下面有一群蚂蚁抬头看着落网的蝴蝶。黄庭坚有感而发,提笔在画上题了四句诗:"胡蝶双飞得意,偶然毕命网罗。群蚁争收坠翼,策勋归去南柯。"后来这幅被黄庭坚题过诗的画在东京书画市场上露面了,宰相蔡京的爪牙看到后,悄悄买下来送到主子那里。蔡京读了黄庭坚"蚁蝶图"题诗勃然大怒,认为黄庭坚在影射他。蔡京打算再狠狠地贬斥黄庭坚,因不久后黄庭坚的死讯传到京城,才不得不罢手。黄庭坚用自己的辞世躲过又一场迫害,还算是"幸运"的,一位叫徐常的文人却没有逃过文字狱。徐常同情新党,又是苏轼的粉丝,曾经教导自己的孩子"词赋切宜师二宋,文章须是学三苏"。他的《武夷先生集》在大相国寺书摊上隆重上市,因为书里第一篇文章就是反对王安石新法的,他很快被人告发,结果最后把工作都搞丢了。

其实不仅书画、书籍受到市场的追捧,唐宋以来,由于市民阶层的壮大、城市消费市场的成熟,新兴的消费文学类型也逐渐大行其道,主要包括"词"和"话本"。词最初盛行于秦楼楚馆和酒肆之中,虽说最迟于隋唐时期就已产生,但真正的繁荣是在宋代。"话本"是说话人使用的底本,听"说话"是宋朝人重要的文化娱乐方式,东京汴梁有多家专门提供此项演出的场所,俗称"瓦子"。关于这两项内容,已有大量的学术著作问世,此处就不再赘述了。总而言之,文化艺术市场的兴盛,是唐宋商业发展的一株奇葩,这是我们商业文化史应该给予足够重视的。

四、扩大了的商人队伍

唐宋商业另外一个重大变化是,经商者队伍中读书人的身影越来越多。不仅如此,我们甚至还能看到僧人、道士在生意场上大显身手。

穆修是北宋思想史上的重要人物,他大力倡导儒学复兴,发宋代古文运动之先声。他曾经淘到唐朝大文豪韩愈和柳宗元的文集善本,大喜过望,认为奇货可居,如果翻印一批拿到京城卖一卖,一定能大发其财。于是他雇刻工雕刻木版,印了几百套韩柳文集,在大相国寺市场租了个门面专卖。但穆修毕竟生不逢时,北宋初年人们都喜欢骈文,西昆文风大行其道,没有几个人能读懂古文,结果他的书"经年不售一部"——他做了一次亏本的买卖。

宋朝开国即颁布统一的商税制度,规定了征税商品种类和税率,建立了遍布全国的商税征收网络。在经商成本中,商税占了重要比例。当时士子进京赶考需要一笔不小的盘缠,苏轼、苏辙兄弟虽并非出自寒门,但也要在得到地方官张方平的资助后才有能力进京。对一般平民百姓而言,筹措这笔进京赶考的资金更是比较困难的事情,于是不少人打起顺便携带土特产到东京城贩卖的主意。《夷坚志》里记载"吴兴士子六人,入京师赴省试。共买纱一百匹，一仆负之"。考生组团走私货物，一百匹纱，已经是不小的数目了。大多数情况下，携带货物进京是需要缴纳商税的，为了省下这笔钱，士子们想尽各种方法偷税。好在他们携带的数量往往不大，又是迫于生计偶一为之，所以地方官大多时候是睁一只眼闭一只眼的，让这些穷书生们顺带做点小生意贴补考试费用。书生私带货物一个常用的方法就是将货物打包，在上面贴上京城某达官贵人的住址，假装是私人邮递物品。唐宋时期的邮递事业虽然已经获得较大的发展，官方有专门的邮递机构，但是委托商人、行旅者代为寄送仍然是重要的邮递方式，所以书生们用这种方法偷税还是比较安全的。《春渚纪闻》（卷六）记载了这样一则关于苏轼的故事：

> （苏轼）先生元祐间出帅钱塘。视事之初，都商税务押到匿税人南剑州乡贡进士吴味道，以二巨卷作公名衔，封至京师苏侍郎宅。显见伪妄。公即呼味道前，讯问其卷中果何物也。味道恐蹙而前曰："味道今秋忝冒乡荐，乡人集钱为赴省之赆。以百千就置建阳小纱，得二百端。因计道路所经，场务尽行抽税，则至都下不存其半。心窃计之，当今负天下重名而爱奖士类，唯内翰与侍郎耳。纵有败露，必能情贷。味道遂伪假先生台衔，缄封而来，不探知先生已临镇此邦，罪实难逃，幸先生恕之。"公熟视，笑呼掌笺奏书史，令去旧封，换题细衔，附至东京竹竿巷苏侍郎宅。并手书子由书一纸，付示谓味道曰："先辈这回将上天去也，无妨来年高选，当却惠顾也。"味道悚谢再三。次年果登高第，还具笺启谢殷勤，其语亦多警策。公甚喜，为延款数日而去。

福建南平的考生吴味道进京赶考，将乡邻帮忙凑的钱拿出一部分买了当地特产,指望到东京卖掉后能让自己手头宽裕一些。但一路上收税关卡甚多,如正常交税,这批货运到东京连一半也剩不下,因此吴味道不得不采用瞒天过海的方法偷税,冒充是当朝达官贵人寄送的物品。由于信息不灵通,他不知道苏轼已经不在京城而来到杭州做地方长官,包裹上竟伪造苏轼的签名,将货物寄给京城的苏辙,结果经过杭州时一下子就被税务部门识破。不过苏轼毕竟是个讲究人性化的良吏,得知吴味道不过是个穷书生,为进京赶考而出此下策,不仅没有按律惩罚,反而协助他一起假戏真做,让吴味道享受了一次正大光明的免税待遇,书写了一段文坛佳话。

除了读书人之外,僧道人员从商也越来越普遍了,其中大宗生意是租赁房间、开设浴池。宋代文人比较注意个人卫生,每过一段时间就会相约到浴室洗澡。对他们来说,浴室不仅是一个可以清洁身体的地方,还是一个非常不错的社交场所。不少浴室是由寺院开办的,王安石、苏轼、黄庭坚等人都有到寺院浴室洗浴的文字记录,其中《石林燕语》(卷十)一则有关王安石的故事非常有意思:

> 王荆公性不善缘饰,经岁不洗沐,衣服虽敝,亦不浣濯。与吴仲卿同为群牧判官,时韩持国在馆中,三数人尤厚善,因相约每一两月,即相率洗沐定力院,家各更出新衣为荆公番,号拆洗王介甫云。出浴见新衣,辄服之,亦不问所从来也。

王安石不讲究个人卫生在宋代是出了名的,有的笔记说他连脸也很少洗,结果总是黑着张脸。这条材料里说他常年不洗澡,也不换洗衣服,实在是不成样子。于是他的好友吴仲卿和韩持国约好每隔一两个月到定力院洗一次澡,顺便给王安石准备好换洗的新衣服。王安石是要干大事、要青史留名的人物,对身外之物毫不在意,衣服脏了不在乎,穿上新衣服了也不在乎,倒是两个朋友很幽默，他们称给王安石洗澡换衣为"拆洗王介甫"。故事里说的"定力院"，就是东京的一个规模不大的寺院，但洗浴生意做得相当不错，京城知名文人经常光顾。有的寺庙不仅开设浴池，还同时开设旅馆，如苏轼、苏辙进京赶考时就住在"兴国浴室老僧德香之院"。

其实早在唐朝就有寺院开办旅舍的记录，特别是京城的大寺院，往往开着数家旅店，其收入甚至成了寺院的主要财源。宋初一起沸沸扬扬的科场舞弊案件，就与僧人经营的旅舍大有关联。《续资治通鉴长编》记载了一个考生科场舞弊事件。太学生任懿住在一个叫仁雅的僧人那里。仁雅主动跟任懿说，长老惠秦认识不少朝廷要员，只要任懿出些钱，就可以帮其考试顺利过关。双方约定价格，仁雅还真的把此事办成了。任懿高中进士，朝廷也授予他官职，但任懿的母亲去世了，他按规定回老家守孝，没有赴任，因此也没有向仁雅交纳当初答应的款项。仁雅非常生气，写了一封信痛骂任懿，没想到此信落入他人之手，这桩科场舞弊案由此东窗事发，一时间掀起了一场好大的风波。

故事里的僧人仁雅开办旅舍是正当生意，但他贿赂考官、帮助考生舞弊，则属于利令智昏了。其实经商的僧人大多是靠正当生意发财的，如唐朝天宝年间庐阳慧林寺的圆观，因为善于经营、富有资财，人称"空门猗顿"，成为当时著名的大商人。宋代不少文人笔记材料都提到了僧尼做生意的情况，如庄绰《鸡肋编》卷中载："广南风俗，市井坐估，多僧人为之，率皆致富。"东京大相国寺里，也有不少尼姑做生意，出卖她们制作的各种刺绣、头饰等小商品。道人也不甘寂寞，孟家道院的王道人经销"煎蜜"，颇受消费者欢迎。大相国寺的僧人本应该是不食荤腥的，但"烧猪院"一个叫惠明的僧人，烧的猪肉非常美味，远近闻名，大文豪杨亿经常和同事一起前去消费。有一次杨亿故意开惠明玩笑："尔为僧，远近皆呼'烧猪院'，安乎？"惠明也知道杀生犯佛门之戒，于是向杨亿请教该怎么办。杨亿建议他把"烧猪院"改为"烧朱院"，这样既不耽误自己吃美味猪肉，佛祖那里也好糊弄过去。

虽然这只是一则调侃的笑话，不过由此可见，四大皆空的僧人也能把生意做得这么好，社会上的"轻商""抑商"思想怕是已经没有多少生存空间了。如果此时有人敢公开跳出来指责商人地位低下，属于贱民阶层，大概他会得罪一大票朋友，不仅吃不上美味的名牌猪肉，搞不好连个洗澡的地方都找不到。

五、窦义发家：一个唐朝 小商人的创业史

自唐代以来，文人笔下的商人形象逐渐丰富了起来。不过受传统"义利"观的影响，文人对商人还是有不少偏见的。比如我们上面提到过的《琵琶行》是千古名作，其中"老大嫁作商人妇""商人重利轻别离"这样的句子传播甚广，文人似乎对商人并没有好脸色。在众多写商人的文字中，晚唐大文人温庭筠撰写的传奇《窦义》是一篇非常有趣的作品。"传奇"是唐代流行的一种文体，它的产生与唐朝科举制度有关。举子们以此炫技，期望获得主考官和达官贵人的关注。作品当然未必完全可信，但是写同时代京城知名人士的传奇，即使在写作手法上卖弄、炫奇，基本事实往往不会有太大的出入。我们本讲的最后，就以温庭筠笔下的窦义做案例，看看唐朝的小商人是怎样发家的。

窦义家世显赫，祖上都是赫赫有名的人物，这可以在正史中找到相关记载。他的高祖曾经当过开国皇帝李渊的宰相，曾祖则是李渊的驸马。自唐朝开国，他们窦家"累朝国戚"，但到了窦义这一代，家族后裔已然分化。窦义虽然有着阔绰显赫的先祖，但他自己

出身却比较贫寒，而且年幼的时候父亲就去世了。窦乂显赫的家世背景并没有给他带来人生境遇的改善，要想在长安城混下去，他一定要靠自己打拼。窦乂的商业生涯缘于他十三岁时的一个创业规划。这个规划如此周详，从设想到实施、完成，前后耗时七八年。他有条不紊、一步一个脚印地走下去，终于赶在成年之前完成了原始资金积累，为自己后来的经商事业打下了厚实的基础。

事情的原本是这样的。窦乂十三岁时接受了亲戚的馈赠——一双新鞋子。他在集市上做成了人生的第一笔生意——卖掉这双鞋子，"得钱半千"。这笔钱如果投入商品贸易，赚取所谓的"什一之利"，也算是一条生财之路。但是本钱太少，利润太薄，窦乂等不得，他另有长远的商业规划。窦乂用这笔钱到铁匠铺打了把小铁锹——把有限的资金投到核心生产工具上。这年五月，长安城的榆钱开始漫天飞舞。榆钱是榆树的果实，因为形状像铜钱，所以大家都叫它榆钱。榆钱在平常人眼里几乎等同于垃圾，但在此时窦乂的心目中却是大把大把的铜钱。他到处打扫搜集榆钱，几天的工夫居然收了十多斗。免费的树种有了，用一双鞋子换来的种树工具小铁锹也有了，剩下的问题就是把树种在哪里。窦乂有位伯父在京城为官，拥有自己的家庙。家庙的面积挺大的，平时疏于管理，空地里杂草丛生。窦乂跟伯父提出要借住到家庙中好好读书，得到允许。窦乂无偿拿到了家庙使用权后，用小铁锹在家庙的院子里挖沟，把收集来的榆钱儿都种了下去。

凑巧的是，这年夏天雨水充足，种下去的榆钱很快发芽生长，等到了秋天，榆树苗都有一尺多高了，整个院子望过去郁郁葱葱的。在别人眼里，这些尺把长的榆树苗毫无用处，长安城不缺榆树，没有人会来买窦乂的树苗，但窦乂并不着急，他心中自有规划。转眼到了第二年。榆树苗已经长到三尺多高了，窦乂又开始忙活疏苗工作，他把疏下来的树苗晒干、打捆，当柴火出售。正好这年秋天多雨，一百多捆枯树苗很快销售一空，窦义很轻松地赚了一万钱。不到两年的时间，"半千"的资金投入获得一万钱的回报，盈利接近二十倍。等到第三年秋天，窦义的树苗已经有鸡蛋那么粗了，他又再次进行疏苗，这次疏下来的树苗晒成了二百多捆柴火，出手后又获得几万钱的收入。又过了五年，榆树也差不多都成材了，窦义对这些树做了简单分类，把那些能做房屋椽子的分作一类，一千多棵，这种木材在市场上很受欢迎，出手后赚了三四万钱；还有一千多棵高大挺拔的，属于上等木材，可以用来做车驾，这批木材卖了十多万钱。

从当年在集市上卖鞋，到手中的榆树木材全部出售，已经过去八个年头了，窦义从一个不名一文的穷小子，变成一个拥有二十多万钱资产的中等商人。手中有一笔比较可观的启动资金，窦义考虑着经营转型，他把眼光投向长安的日用品市场。长安城是当时的国际化大都市，人口众多。市民的日常消费包括哪些内容呢？无非是开门七件事，柴米油盐酱醋茶。经营油盐酱醋之类需要有较强的专业技能，粮食生产和茶叶销售都是大生意，刚刚靠种树积累了点本钱的窦义还没有这么雄厚的财力。这样一来，那七件事里面能让窦义打主意的就只剩下"柴"了。中国古人最常使用的燃料无非是柴火和木炭，后者是前者的深加工产品。砍柴、烧炭最近的生产基地都在城外，如果从城外倒腾柴火，这种生意技术含量低、从业者众多，窦义面临巨大的竞争压力大，毫无优势可言。考虑再三，窦义决定走一条不同于其他生意人的路径——开发一种新的燃料产品，希望能靠这一产品实现自己的顺利转型。

窦义用卖树赚的钱雇用长安城中的市井小儿，每天给他们提供三个饼、十五枚开元通宝，让他们满世界去拾取槐子。用了一个多月的工夫，竟收集了两车槐子。在窦义的新产品中，还需要一种原料——麻。上哪里去找麻呢？窦义不仅对长安的消费习惯有了

解，对长安城的生活垃圾也比较在意。当时人们穿的鞋子主要是
麻鞋。这种鞋价格便宜，而且并不特别耐穿，因此长安市民的生活
垃圾中不乏这种被穿坏的旧麻鞋。窦乂又让那些雇来的小孩帮他
去长安各处生活垃圾站捡破麻鞋，捡三双就可以换一双新鞋。以
旧换新的消息一放出去，好多家中有破麻鞋的人，也纷纷跑来以旧
换新。不几天，窦乂就用三百双新鞋子的价钱，收上来一千多双旧
麻鞋——产品中的第二大原料也备齐了。万事俱备，窦乂组织人
马，开始生产一种特殊的商品——"法烛"。"法烛"的制作方法和
成品形态，都和日常用的蜡烛不同，主要原料是槐子、麻和油靛。
窦乂雇人先把一千多双旧麻鞋洗净，混合着槐子、油靛，在专门的
工具中捣烂，然后加工成长三尺、粗三寸的条状物，这个看着奇奇
怪怪，又散发着槐子清香的东西就是所谓的"法烛"。说来也凑巧，
这一年长安城连续多日大雨不止，道路泥泞，城外的柴草很难运进
来，城中燃料供应出现短缺。这个时候窦乂开始出卖他组织生产
的一万多条"法烛"，这东西烧起来比柴草还好用，运送、堆放都很
方便，一上市即成为抢手货。每条法烛卖一百钱，用不了几天，一
万多条"法烛"全部售罄。这笔生意做下来，窦乂获得的利润在五
六十万钱以上，比他种八年树赚得还要多。

　　从种树到手工业生产，窦乂成功转型，此时已经拥有近百万的
资产。有了资金，可以在生意场上好好施展自己的抱负了，窦乂把
眼光投向房地产开发事业。他看中了一块地皮，这块地皮在别人
眼里只是污水横流、垃圾遍布的"弃地"，可是在他眼里，却是一块
能给自己带来巨额利润的风水宝地。当时长安有两个超级大市
场，一个是东市，一个是西市，窦乂看中的那块弃地就在西市附近。
西市旁边有一块占地十来亩的地皮，由于地势低洼，周边的生活污
水都汇集在这里，形成一个死水汪。因为靠近市场，常年有垃圾堆
积，恶臭熏天。当地人倒是给这个脏乱差的地方起了个挺浪漫的

名字——"小海池"。在普通人眼里,这个所谓的"小海池"一点用处也没有,就是一个天然垃圾场、一个臭水塘。但是在窦乂眼里,垃圾、臭水都是事物的表象,改变起来不难。他以极低的价格买下了"小海池",雇人把垃圾清理掉,在小海池中间竖一杆旗帜,四周围好边界,把这里临时改造成一个游乐场,让长安少儿前来做扔石子、瓦片的游戏,能打中旗帜的有免费点心奉送。长安儿童都抢着来试身手,不到一个月的时间,窦乂的点心还没送出去多少,"小海池"却已经被石子、瓦片填平了。"小海池"旧貌换新颜,它的地利优势马上就显现出来了,窦乂在这块地上投资建了二十多间店铺。这里靠近中心市场,南来北往的顾客和生意人都要经过这里,因此店铺非常抢手,二十多间店铺被抢租一空,每天上交给窦乂的租金就有几千钱。这样一年下来,窦乂能收到租金上百万钱,几乎等于他前面十多年所赚取利润的总数。而更重要的是,只要这些店铺还在,租金就源源不断地送到窦乂手里。写下窦乂故事的温庭筠说,到他写故事时,这二十多间店铺还在,人们都称之为"窦家店"。

窦乂凭借着成功开发"小海池",步入了长安大商人行列,虽然还算不上什么京城首富,但每年上百万钱的固定收入,已经比唐朝宰相的工资高出不少了。到此为止,窦乂基本上实现了"鸡蛋变牛"的梦想。他用了十几年的时间,靠一双鞋子起家,历尽苦辛,从林业工人转变成手工业者,最后成功进入房地产行业。自己也由当年不名一文的穷小子,凭着一股子拼劲韧劲,成功打入京城富商行列,这的确是一个传奇。发财后的窦乂一直没有忘记自己的穷朋友,经常接济他们,其中有位叫米亮的朋友为了报答窦乂的照顾,指点窦乂投资了一处普通房产,从而获得此房产中一块巨大的于阗玉。窦乂请玉工将这块宝玉加工出二十副腰带铐,剩下的边角料做成各种小挂件,所有这些加起来,一共卖了近百万贯。有了这笔飞来的横财,他终于成为京城的巨富。窦乂既不是靠种树,也不是靠做商铺业主,而是靠着一个穷朋友的回报成为中晚唐的传奇巨商。一个非常励志的创业故事,毕竟还要回到善有善报的人生古训上去,这大概也是中国商业文化最想表达的吧!

推荐阅读

1. 孟元老撰,伊永文笺注:《东京梦华录笺注》,中华书局 2016 年版。

2. 李时人编校:《全唐五代小说》,中华书局 2014 年版。

3. 钟敬文主编:《中国民俗史(隋唐卷)》,人民出版社 2008 年版。

4. 高玉贵:《隋唐五代风俗》,上海文艺出版社 1980 年版。

5. 朱瑞熙等:《宋辽西夏金社会生活史》,中国社会科学出版社 2005 年版。

6. 李强:《红裙争看绿衣郎:大宋东京往事》,上海书店出版社 2017 年版。

第五讲
转型时代：那些应该
被铭记的商业细节

公元 1296 年，地中海港口城市热那亚的监狱阴暗潮湿，一个中年囚犯正向狱友们炫耀着自己神奇的旅行经历。听众的惊讶赞叹让讲故事的人得到莫大的鼓舞，他更加眉飞色舞、口若悬河。这个讲故事的人叫马可·波罗，是一个威尼斯商人，17 岁时跟随父亲和叔父来到中国经商，在中国待了二十多年。回国后不久，马可·波罗在威尼斯与热那亚的海战中被俘，做了两年热那亚的囚徒。在被剥夺自由的监狱生涯中，回忆、讲述自己在大元帝国曾经的种种奇遇，给马可·波罗带来莫大的安慰，也深深打动了一个叫鲁思梯切诺的狱友，这位狱友根据马可·波罗的描述，撰写了一部对西方和中国都影响巨大的书——《马可·波罗行纪》。

对刚刚走出中世纪的欧洲人来说，《马可·波罗行纪》为他们打开了一扇了解中国、认识中国的窗子。在西方传教士大量进入中国、撰写有关中国的种种见闻之前，欧洲人心目中的中国就是《马可·波罗行纪》里描绘的、马可·波罗声称看到的样子——强大、美好、富足而优雅，几乎等同于人间仙境。元明清五六百年，这五六百年里西方社会发生了巨大变化，从文艺复兴到工业革命，从宗教改革到航海大发现，每一步都对人类文明进步产生重要的影响。这五六百年里，中国的影响也通过欧洲商人传播到西方世界，或许暗示着自13世纪开始，中国商业已经逐步走上转型之路，它并不像欧洲本位主义学者所说的那样，一味狂妄、自大、愚昧、封闭，陶醉在"天朝物产丰盈，无所不有"的迷幻中不能自拔。我心目中的中国近世商业世界不是这样的，它也由表及里发生了深刻的变革，世界逐渐成为中国的世界，中国也逐渐成为世界的中国。13世纪的中国也许并没有《马可·波罗行纪》描绘得那么美好，但近世中国商业的进步和创新，对世界经济史做出的贡献，毫无疑问是值得我们记忆和尊敬的。

　　1234 年，在蒙宋联军的合击下，压在南宋君臣心头一百六十多年的一块大石头终于被搬走——金朝灭亡了。根据蒙宋的盟约，灭金后双方以陈州、蔡州等地为界，但是当年六月，南宋军队乘蒙古大军北归之机，占领了洛阳、开封等地。这些地方都是宋朝故土，具有重要的政治文化意义，能将它们重新收归囊中是南宋君臣多年的夙愿。接下来事情的发展一如蒙古人所愿，早有吞并南宋之心的蒙古人以南宋"开衅渝盟"为借口，即刻拉开了灭宋战争的大幕。南宋虽为偏安政权，但稳居富庶的江南地区一百多年，经济比较发达，政治也相对稳定，蒙古人并不是那么容易得手的。经过近半个世纪的残酷征战，一直到 1279 年，南宋残余势力被逼到广东一隅——崖山。经过最后几个月的血战，南宋大臣陆秀夫背着幼帝赵昺在崖山跳海，南宋政权就此彻底退出历史舞台。此时，元世祖忽必烈坐上皇帝的位子已经 19 年了，蒙古的政治中心由漠北转移到燕京（今北京）已经 15 年了，而把国号改为"大元"也已经 8 年了。虽然元朝在中国商业史上的地位常常被忽略，但作为多民族融合的王朝，其商业的确有值得称道之处，其中几个重要变化，对明清社会的经济结构和商业发展也产生了深远的影响。正是基于这个考虑，我们本讲说中国古代商业的"转型"，自然要先从元朝的商业说起。

一、青花与棉花：大元王朝的
两朵商业奇葩

元朝并不是一个由汉族人建立的政权。中华民族历来讲究多民族融合，从历史上寻找纯粹的"汉"血统几乎是不可能的事情。唐朝的皇族有明显的胡人血统，五代的十几个皇帝，也大部分不是汉族人，更不用说辽国和金国的了。所以由非汉族人建立中原政权算不上是太大的问题，即使这会让保守的汉族士人痛心疾首。元朝真正的问题不在这里，而在于它坚持实行落后的民族政策。而且由于文化上的不自信，元朝统治者并不信任汉族人，很长时间内竟然废止了科举考试，把汉族精英学者排斥到国家管理者队伍之外，这样的政权就显得十分落后、令人讨厌了。不过从商业史的角度看，元朝毕竟实现了多民族的融合，在中国境内实现了大一统，这是晚唐五代近百年乱世没有做到的，也是两宋近三百二十年的努力没做到的。元朝的确为商业提供了优越的发展空间，这是我们不应该忽视的。

作为身上带着野蛮落后的游牧文化印记的短命王朝，元朝几乎具有专制政权所有的缺点，甚至比传统中原王朝的毛病更多。统治者骄奢淫逸、各级官吏贪污腐败、民不聊生等，这些都是元史研究的常识，笔者不想多说，只想讲一个说出来大家也许非常熟悉的商品。我们对这一商品的熟悉程度简直像我们熟悉元朝的文化标签——元曲一样，这究竟是什么商品呢？青花瓷。青花瓷又称"白地青花瓷"，收藏界常简称"青花"，是中国瓷器的主流品种之一。烧制青花瓷需要用含氧化钴的钴矿为原料，在陶瓷坯体上描绘各种各样的纹饰，然后再罩一层透明釉，在1 300℃的高温下一次烧制而成。因为陶瓷上的钴料烧成后呈现出特殊的蓝色，"青出于蓝而胜于蓝"，所以人们称其为"青花瓷"。

说到元朝商业为什么一定要说到"青花"？因为这的确不是普通的花，它的开放和香飘天下，都离不开元朝特殊的历史背景。烧制青花瓷所必需的钴料是一种稀缺矿物，当时的中原地区产量不足，需要从中亚等地辗转进口。虽然考古资料证明，唐朝人可能已经掌握了青花的烧制技术，但目前发现的唐青花实物非常少，说明彼时并没有形成量产。如此精美艳丽的颜色，应该不会入不了唐人的法眼，之所以少见实物，重要的原因是缺少大量的钴料进口。元朝统一天下，统治者非常重视与外邦做生意。虽然大元国祚不长，但国际贸易通道的确比以往更为通畅，来自域外的钴料可以更加便捷地进口到境内，不仅可以满足自己的市场需求，还可以直接接受外国的订单，根据外商的需求设计、制作各种图案的青花瓷。海上丝绸之路在宋代得以繁荣。到了元朝，不仅海上通商，原有的西北陆路通商也更加红火，对外贸易的繁荣程度甚至超过了宋朝。马可·波罗就是沿着丝绸之路的河西走廊进入沙洲境内的，然后南下甘州，再折往东南进入中原地区。这条古老的商路自汉代被官方正式认定开通，在之后的一千多年时间内虽然一直有着商人的身影，但并不总是安全和通畅的。元朝统一政权的建立，让这条商路比以往更加热闹了起来。西方国家的各种商品、物资可以更为顺利地进入中国，元青花的大量生产成为可能，离不开这一国际化市场背景。

但这远远不是"青花"的全部。元青花的另一个意义在于，它催生了一个新的制瓷中心——景德镇。虽说青花瓷在唐宋时期就已出现，但真正商品化、成规模的生产还是在元代，最著名的生产地点是景德镇，一个今天被称为"瓷都"、生产的瓷器依然誉满天下的城市。青花瓷的典型特征是白底蓝纹，这种颜色搭配带有明显的异域文化特征，对此搭配有着特殊偏好的是波斯人，蒙古人也有对白色瓷器的偏爱。波斯人并不掌握烧制瓷器的技术，虽然他们也努力尝试过，但并没有成功。有趣的事实是，波斯人拥有充足的钴料，因此青花瓷得以大量生产，最初是出于满足波斯市场的需求。景德镇附近又有丰富的瓷石矿藏，周边水上运输线路发达，所烧制的瓷器能够很方便地通过水路运往长江中下游各大商业城市。1278 年，元朝在景德镇设立"浮梁瓷局"，聚集大批工匠，大量青花瓷就是由他们烧制生产的。1324 年，朝廷甚至将景德镇置于江浙行中书省的直接管辖之下，足见官方对景德镇的重视。

景德镇生产的青花瓷有着浓郁的跨文化色彩，不仅成为中原人士的挚爱，也成为国际瓷器市场上的新宠。之后几个世纪，世界各大瓷都的制瓷工匠们一直在努力模仿元青花的制作工艺，但从未成功过，元青花依然是瓷器史上一座不可逾越的高峰。有一首叫《青花瓷》的歌曲前些年颇为流行，笔者最喜欢的是这几句歌词：

> 天青色等烟雨，而我在等你。
> 月色被打捞起，晕开了结局。
> 如传世的青花瓷自顾自美丽，
> 你眼带笑意。

我觉得这首歌好就好在歌者唱出了青花瓷那抹特殊的意蕴，如烟雨月色，轻轻散开世俗之外那份自信和从容——这也是元青花留给中国和世界最美丽的映像。

说完了"青花"，我们再说说"棉花"吧，这是元代商业给我们留下的第二朵值得珍藏和记忆的商业之花了。有一个基本事实总是被人们选择性忽视，那就是棉花的大量引种，是在元朝发生的事情。笔者有时候常常替古人担忧，在元朝到来之前的先秦两汉、大唐两宋，我们那些高唱着"大风起兮云飞扬"、吟诵着"小楼昨夜又东风"可爱古人，他们穿什么质地的衣服呢？其实就算没有棉花，古人依然有各种用来剪裁衣服的材料，最常见的是丝绸，还有葛、麻、褐等。凭借这些材料，他们照样把日子过得有滋有味。只是在衣服的颜色方面，受衣料质地和颜料品种所限，可选择的余地并不大。古人真正穿上能自由展现想象力的衣物，其实还是从元代开始的，主要原因就是棉花的大量生产，纺织技术的提高，物美价廉的棉布成为衣料新宠。棉布的推广同时也带动了染料市场的发展，中国人的服装发生了革命性的变化。元代之后，棉布成为人们主要的服装面料，元代农学家王祯在《农书·木绵叙》中写道：

> 中国自桑土既蚕之后，惟以茧纩为务，殊不知木绵之为
> 用。夫木绵，产自海南，诸种艺制作之法骎骎北来，江淮川蜀
> 既获其利，至南北混一之后，商贩于此，服被渐广。名曰"吉
> 布"，又曰"绵布"。

棉花的种植虽然较早，但种植规模不大，加工工艺粗糙，还没有形成完整的产业。松江府以东五十里有个叫"乌泥泾"的地方，这里的土地贫瘠，单靠粮食生产不足以糊口，所以乡人也引种了棉花，尝试进行棉布生产，不过由于工艺十分落后，效益非常差。元末明初的学者陶宗仪在《辍耕录》(卷二四)里记载乌泥泾的人们加工棉花时，"率用手剖去子，线弦竹弧置案间振弹成剂"，工作非常辛苦，生产效率低下，产品质量也很差。但是过不了多久，乌泥泾即成为名扬全国的棉纺基地，甚至带动了整个松江府的产业结构变化，在中国商业史上引起蝴蝶效应。这是怎么回事呢？原来最早扇动蝴蝶翅膀的是一个乌泥泾女子，她叫"黄道婆"。黄道婆年轻时流落到海南岛。海南有悠久的棉花种植历史，当地人民的棉

纺工艺水平比较高,黄道婆向黎族人民虚心学习棉纺技术。后来她回到自己的家乡,把海南的制棉工具和织花技术也带回松江,向乌泥泾乡亲们倾囊传授这种新的棉纺技术。用不了几年时间,松江府成了远近闻名的棉纺贸易中心,从事此行业的棉纺户有一千多家,松江产品畅销海内外,在很长的时间内享有"衣被天下"的美誉。松江的印染青花布,至今还是江南服饰文化的重要标记。由松江逐渐辐射整个长江流域,棉纺业作为一个新兴的产业在元朝兴盛起来。棉花的大量需求改变了部分地区的农业产业结构,纺织业兴盛的地区产生较大的粮食需求,粮食的区域贸易随之兴盛。粮食等大宗商品贸易的兴盛需要较高的物流条件,需要相应的商品政策和管理手段,一批从事粮食贸易的大商人出现了,交通运输业也有了较大的发展,运河沿途的转运商埠也随之兴起了。

一朵小小的棉花,撬动了整个商业史的发展,不能不说,这是元代商业留给后世最值得称道的礼物之一。

二、白银上位:大明王朝的货币战争

历史总有它的两面性。元朝建立后,南方大宗货品最初是通过海上运往北方的,但海盗势力的威胁逼迫朝廷重新考虑大运河航线。维护大运河航线需要较高的治河成本,特别是黄河的频繁改道,给运河的正常通行造成巨大麻烦,这无疑也增加了百姓的负担。1351年冬天,被朝廷征派前往开凿黄河故道的15万民夫,在韩山童、刘福通的带领下举起了义旗,敲响了元朝的第一声丧钟。17年后,元朝灭亡,起义军将领朱元璋建立了明朝,中国又开启了一个新的历史时期。

朱元璋出身贫苦佃农家庭,对为富不仁的商人有着发自心底的痛恨。他上台后也出台了一些羞辱商人的法令，比如规定商贾之家只许穿绢布质地的服装，不许穿绸纱，甚至对服装的样式和尺寸也做了限制。这些规定与汉高祖刘邦的"贱商令"很相似。虽然如此，作为从社会底层摸爬滚打取得天下的草根人士，朱元璋当然也知道商业在国家经济中的作用，所以就算他再瞧不起商人，也不得不收敛起自己的脾气，尽量出台一些便于商人经营活动的法律和制度，比如"开中法"的实施、"商屯"的推行等，都曾对发展商业和维护边境安全发挥过重要作用。不过对商业史发展而言，上述措施均为一时之政，其实施时间长短、发挥效用大小都受到一定的限制，而我们接下来要讲的两件事，却是中国商业史上无论如何不能绕过的重大事件。这是怎样的两件事呢？

　　第一件是有关钱币制度的。明朝初年，朝廷规定铜钱和"大明宝钞"同时流通，其比价为"钞一贯，准钱千文，银一两；钞四贯，准黄金一两"。白银和黄金只用作比价，并不是流通的法定货币。由于宝钞的发行没有以贵金属作为储备，很快便出现了贬值现象。朝廷发布法律，强行回收铜钱、推行宝钞，但是粗暴的行政命令并不能改变商品经济规律，特别是对一些数额较大的贸易往来而言，贵金属白银成了一种极佳的货币补充，一些商业发达的城市甚至公开宣称用金银给商品定价。为了大力推行纸币，朝廷严禁金银交易，甚至规定擅用金银交易者可以被处以死刑，不过这些都没有阻挡住民众使用金银计价的热情。到了宪宗成化年间，政府税收已经兼收钱钞，发放的官俸和军饷也钱钞兼用，大明宝钞继续贬值，一贯钞甚至贬值到只能换一个铜钱。到明孝宗时，大明宝钞已经很难流通了，原来朝廷税收兼用钱钞，此时也都改成用白银，发给官员的官俸也是钱一银九，不再使用宝钞。1567 年，朝廷终于颁布新法，明确规定商品价值在一钱银以上的，可以使用银来进行买卖；而不足一钱银的商品，只能用钱币来买。新的法规表明，中国自秦汉以来以铜钱为本位的货币体系发生变化，白银终于在市场中成为主要货币，而铜钱退到辅币地位。

其实中国的白银矿藏并不丰富，为何民间对白银如此青睐呢？这还要拜海外贸易所赐，正是日本、秘鲁等地的白银大量流入，使中国市场上出现了较为充足的白银供应，用银做计量货币才逐渐成为可能。白银成为法定货币，是中国经济逐渐融入世界经济的又一例证。白银的计量单位是"两"，1两相当于现在的37克。市场上流通的白银并没有被铸造成传统的圆形方孔钱，虽然这种便于贯穿携带的设计已流行了近两千年。用于市场交易支付的白银被熔铸成马蹄形，计重后打上相应的标记。除了这种马蹄形银锭外，还有花银、碎银等参与流通，其形制不同，成色往往也有差别。商人进行交易时往往要随身携带"戥子"（一种小型杆秤，最小称重单位为厘，最大称重单位为两），似乎有些麻烦，但白银具有价值高、不易贬值等优点，还是大受商人和消费者的欢迎，"戥子"不"戥子"的，就不太有人在乎了。流通领域的双币制，催生了一个新的金融机构——钱庄。钱庄依照政府的规定从事钱银兑换生意，并且要承领官府一定的借贷款项。无论从哪个角度看，明代的钱庄已经明显具备了银行的一些特征，称之为银行的雏形并不为过。白银与铜币相比，对商品发展有着更为重要的贡献。作为一种贵金属，它价值较高，同样价值的白银重量仅为铜钱的1%左右，便于携带、收藏，尤其适用于大宗商品交易。试想，之前一个客商到松江购买一船棉布，也许要携带几百斤的铜钱，无论如何也需要两三个帮手协助搬运。可是现在只需随身携带一两斤白银，既省事又安全。商业史的发展历程证明，支付手段的变革，是推动商业经济繁荣的重要助力。大明王朝不情不愿的币制改革，其实是中国商业史上值得重视的事件，只可惜它被湮没在众多一地鸡毛的朝令夕改中，不太被人们所关注。

接下来我们再说第二件事情，即大明王朝一次成功的税收改革——这次改革也与白银有关。明朝中叶以后，豪富权贵之家广占土地，在全国刮起了土地兼并的狂潮。大量土地集中在特权阶层手中，土地所有者通过种种手段逃避税赋，巨大的税赋压力集中到普通农户的头上，加重了他们的负担，也给朝廷造成巨大的财政损失。正是由于这个原因，清丈土地、实现赋役平均、增加朝廷财政收入，成了大明王朝迫切需要解决的问题。万历八年（1580年），大学士张居正在全国范围内推行清丈土地的活动，史称"万历清丈"。在清丈田亩的同时，张居正把嘉靖年间曾在福建、江浙等地试行的"一条鞭法"，推广到全国。据《明史·食货志》记载：

> 一条鞭法者，总括一州之赋役，量地计丁，丁粮毕输于官。一岁之役，官为佥募。力差，则计其工食之费，量为增减；银差，则计其交纳之费，加以增耗。凡额办、派办，京库岁需与存留、供亿诸费，以及土贡方物，悉并为一条。皆计亩征银，折办于官，故谓之一条鞭。立法颇为简便，嘉靖间，数行数止，至万历九年乃尽行之。

这条引文涉及不少明代赋役常识，在此不一一解释了，我们注意引文中的那八个字——"计亩征银，折办于官"，这才是最要紧的。在"一条鞭法"推行之前，农户每年要向政府交纳田赋、付出一定时间服徭役，而在籍的工商户也要承担官府分派的各项差事。"一条鞭法"删繁就简，大大简化了赋役征收手续，在清丈土地的基础上摊丁入亩、度地而税，并且将田赋和徭役货币化，采用市场上最受欢迎的白银为缴付货币。"一条鞭法"最初是地方自发试行的，朝廷大力推行这一新的赋税制度，极大地刺激了商业发展。农民本来承担田赋，必须按照政府的规定缴纳相应的粮食作物，如果恰巧缺乏这种作物,还要忍受奸商的盘剥,到市面上去购买。而田赋货币化的推进,则让农民有了更多的选择权,他们可以根据市场的需求,选择种植能带来更多经济效益的作物,其土地的产出效益大大提高。比如在江浙一带的农民,本来只能种植价值不高的粮食作物,现在则可以大量种植棉花等经济作物。那江浙的粮食缺口怎么办呢?湖广等地改良种植技术、提高粮食产量,取代江浙成了新的鱼米之乡。这样一来,整个地区的产业结构发生改变,商品经济朝着更为优化的方向发展,经济作物的种植数量大大增加,粮食贸易规模也远远超出以前。"一条鞭法"第二个好处是解放了劳动力,农民对官府的人身依附关系有所松弛。之前农民每年必须为官府免费服务一定的时间,现在这段服役时间可以折算成白银买断,这样他们获得更多自由安排的时间,从而更方便地离开土地,去商业市镇从事手工业生产。"一条鞭法"采取"摊丁入亩",主要实施对象是土地的拥有者,而城市中没有土地的工商业者则不必交纳或少量交纳丁银,这样一来也大大减轻了他们的负担,这对城市中小商人来说是重大利好。可以说,"一条鞭法"不仅解决了政府财政、农民生计问题,还直接刺激了城市工商业的发展。

大明王朝实施"一条鞭法",把粮食和劳动力转化为以白银计量的等价货币。加拿大史学家卜正民认为"在工业化以前,中国经济史上最重大的转型就是 16 世纪以里甲制为基础的适应农业社会的税收模式向适应以货币化交换为核心的经济方式的转变",而推行此项制度的张居正是一个有远见的官员,"他促成了税收体系由适应原有的农业经济向适应商业经济的转变,为现代经济的出现奠定了基础"(《挣扎的帝国:元与明》,第 115—116 页)。大明王朝这场重要的经济改革,使白银从此成为货币的主角,中国商业进入一个新的发展时期。

三、大清王朝：被遮蔽的商业帝国

说起大清王朝，我们心中总是五味杂陈。中原主流文化心理从来没有真正喜欢过这个由女真人后裔建立起来的政权，即使它的统治者努力向汉文化靠拢，最大限度地套用了以往汉族政权的政治、文化制度。虽然近年来清宫戏中的"格格"可爱、"皇阿玛"慈祥，但依然不能抹杀清军入关时"扬州十日""嘉定三屠"等所留下的惨痛记忆，不能遮掩腐朽无能的晚清政府在帝国列强前的屈膝卑躬。这些印象可能会影响我们普通读者对清代商业史的认知，从而遮蔽中国近代商业发展中那些值得关注的成就。

美国历史学家罗威廉谈到清朝的商业时说："虽然中国人口的绝大多数总是由农民组成，且西方长时间认为中国是农业社会最名副其实的典型，不过到了清朝中叶，中国可能是全世界最商业化的国家。"（《最后的中华帝国：大清》，第 123 页）彼时的中国是不是全世界最商业化的国家，笔者还缺乏更多的中外商业史比较研究来证明。但一个不可忽视的事实是，自 16 世纪中叶开始，随着白银成为中国的本位货币和赋役货币化改革逐步推进，为市场交易目的而生产的农产品数量和种类大大增加，手工业从业者队伍扩大，新型商业城镇兴起，一场对中国民生和经济影响巨大的商业变革已然发生。农业生产者将自己种植的粮食或其他经济作物出卖，换取白银交纳税赋或从市场上购买所需要的生活生产资料，已经成为整个王朝经济体系中的常态化事件。农产品跨地区贸易的繁荣，兴起了一批粮食或经济作物生产基地。商业史学者的研究结果显示，到 18 世纪末，清朝生产的十分之一以上的谷物、四分之一以上的生棉、一半以上的棉布、超过十分之九的生丝、几乎所有的茶叶,都是为了成为市场上的商品而生产的。这种经济生活上巨大的结构性变革,岂是"自给自足""小农经济""自然经济"等标签所能定义的?

努尔哈赤凭着十三副盔甲、三十名士兵起家,一步步打下大清王朝的根基。在征服中原的过程中,满洲八旗壮士骁勇善战是一个制胜因素,但凭借十几万军队吞并整个大明王朝,还离不开晚明早已鱼烂其中的腐败政治,以及那些见风使舵的明朝将军——在平定境内各地明朝残余势力时,最卖力的正是投降的明朝军队。满洲人入主中原前的社会制度虽然还大体处在奴隶制的阶段,但他们并不轻视商业。作为女真人后裔的满洲人,正是因为控制了东北重要的贸易路线,通过积极从事商贸活动取得大量利润,积累了大量财富,他们才得以推进其统一天下的军事行动。清朝开国的前几十年内,天下并不太平,反清复明势力此起彼伏、"剃发令"所引起的强烈反抗,"三藩"叛乱和台湾郑氏政权的威胁等,使初定天下的清朝无暇把主要精力放到经济建设上来,国内商业出现萧条之状。为了保证农业生产、维护政权安全,清初实行了限制织造、禁止开矿、迁界禁海等强制措施,严重阻碍了商业的发展,特别是"迁界禁海",对海上贸易的损害尤其严重。顺治时期为了对抗郑成功的武装进攻,清政府命令沿海五省的百姓内迁,在近海三十里到五十里的地方筑界为限,界外形成无人区,所有的房屋均烧毁,也不允许百姓进入。其后清政府又多次发布命令,强化"迁界禁海"。禁海期间,"片板不许下水,粒货不许越疆"。迁界政策让沿海的渔业、农业、手工业、海外贸易等都遭到毁灭性打击。一直到 1683 年,康熙彻底解决了台湾问题,"迁界禁海"的命令才废止,沿海经济逐步恢复,近海贸易重新发展起来。资料显示,到了乾隆时代,上海已经成为发展海运贸易的一个中心,北连山东、直隶、关东,南通江浙闽粤,其中跑关东、山东的海船就有五千多艘,转运棉布、茶叶、糖、水果、粮食等各类物资。

　　清朝商业的迅速发展自康熙时代开启，历经雍正、乾隆时代。政局相对稳定，是经济发展的重要先决条件，清朝这三任皇帝共统治了一百三十多年，这在中国古代历史上是很少出现的情况。地主官僚历来喜欢匿报田赋、人丁，从而加重了普通农户负担。康熙在1712年宣布以上一年的人丁数为征收丁银的标准，规定"滋生人丁，永不加赋"，一劳永逸地解决了这一问题。更多的农民可以脱离农业生产，加入到工商业活动中去。晚明已开始推行"一条鞭法"，但还有不少地方没有完全实施，其摊入田亩的只是部分差役折银，人丁税还没有完全实施货币化。到了清朝雍正时代，完全的"摊丁入亩"制度得到大力推广。由于康熙时代规定了土地上的丁额，土地税费实际上已然固定，雍正在全国范围内推行"摊丁入亩"的实质是建立单一土地税制，将人丁税并入财产税，间接地废除了在中国延续了几千年的人头税。雍正的税制改革，使农民与封建国家的人身依附关系进一步减弱。从某种程度上看，雍正时代及其后的农民，只要能如数交纳自己拥有土地的税银，则完全可以自主选择种植什么，或者选择从事自己擅长的、能获得更多经济回报的工作。康熙、雍正的赋税改革，从大的历史进程中去看，延续了明代张居正"一条鞭法"的改革，但更彻底，更符合商品经济的发展规律。到了雍正时期，中国自16世纪开始的"摊丁入亩""田赋征银"改革基本结束，中国商业经济也完成了巨大的转型。康熙、雍正之后，由于"滋生人丁，永不加赋"，普通民众的生活水平与清初相比有了显著提高，人口数量也大大增加，城市就业人数增长，消费市场显著扩大，食盐、粮食等大宗商品交易量激增，棉花、烟叶等经济作物种植面积也不断增大，商品经济呈现活跃的景象。另外值得注意的是，康乾时代的商税水平并不高，朝廷主要的赋税来源还是靠土地收入。比如1766年，清朝政府土地税收为2 991万两白银，约占全年财政收入的 60%，而同年的商税约 500 万两，只占财政总收入的 10% 左右。清朝这一时期的"轻徭薄赋，加惠商民"政策产生了积极的效果。

伴随商业发展、商品生产细分，不同的区域形成各自的生产优势，跨区域贸易在商业中占的比例逐渐增高，专业商人的人数比前代有了增加，特定的商人阶层也更为成熟。在这一过程中有两个现象值得重视，其一是形成特定区域的商人群体势力——商帮；其二是形成特定商业细分领域的行业组织——行会。"商帮"其实在明代就已经有所发展，尤其以山西、陕西商人为著。明朝为解决边防粮食供应问题，推行了"开中法"。山陕广大产粮区地近明朝军事要塞，具备得天独厚的粮食贸易条件，因此山陕商人借助"开中法"，以其优越的贸易条件迅速发展起来，形成庞大的区域性商人势力。不过随着朝廷法令的改变，经营粮食、食盐生意的山陕商人逐渐没落。到了清代，商业经济发展迅猛，粮食、食盐、棉布、茶等大宗商品交易需要更专业的跨区域商人。中国社会历来重视宗亲、乡邻，随着跨境贸易规模的扩大，来自同一区域的商人很自然地形成团体力量，他们在生意上互相关照，形成特定的区域精英阶层，为当地的经济发展和基础建设、城市管理做出一定的贡献。越是规模较大的商帮，其对社会政治经济生活介入的程度越深。清朝最著名的两个商帮是"晋商"和"徽商"，其发展绵延一两百年，一直到 20 世纪初，商业大都市上海还活跃着这两大商帮的身影。至于"行会"组织，也是伴随商业贸易繁荣而产生的。随着商业活动的频繁，商品周流天下，这使大宗商品交易越来越走向专业化，因此需要熟悉商品行情、了解市场价格波动的人从事居间活动，帮助买卖双方尽快达成交易，实现双赢。这其实是一个古老的行当，古时人们称之为"牙人"。在商业贸易尚不发达的时代，"牙人"这一职业多是个体形态，不可能形成对买卖双方都有一定制约力量的群体组织。随着跨区域大宗商业贸易往来，经销商、批发商之间需要尽快达成交易，但双方无论在语言还是地域文化背景方面都有一定的差异，相互之间在短时间内形成信任也比较困难，客商数量的增多会增加买卖双方的交易成本。在这种情况下，"牙人"的事业迎来发展机遇。他们按交易商品的细分品种不同，联合起来成立一定规模的合作组织，为买卖双方提供专业化的服务，同时也替政府征收相关税费。随着业务量的扩大，这些牙人组织甚至开始经营仓储、旅店等生意，为过往商人提供更周到的服务。为了提高交易效率、规范市场行为、稳定商品价格，他们甚至制定商品的质量和价格标准，监督商人的交易行为等，俨然成为没有政府官员身份的市场管理者。这些由"牙人"发展起来的组织通常冠以"行""公所""帮"等不同的名字。到了清代中后期，这种非政府组织已经遍布各商业城市，使市场交易行为更加有序，保证了商业的健康发展。到了晚清时期，各种行会组织的功能已经逐渐超越商业贸易领域，成为城市政治、文化生活的重要力量，比如组织文化活动、举办慈善事业、协助官方完善城市建设等。行会组织的兴起和壮大，是清代商业经济发展的又一个重要表征，也是商业史上值得记上一笔的大事件。

康乾时代用了一百多年的时间实现了商业发展的转型，帝国境内商业繁荣，老百姓生活相对富足。与前代相比，清朝的出版业、印刷业兴盛，书籍市场更加繁荣，这也说明整个社会的文化风气比较浓郁。虽然清政权有着专制统治必然的通病，晚期也是鱼烂其中、腐败横行，但至少在鸦片战争之前，中国并不像某些西方历史学家所认为的那样，是一个经济萧条、闭关锁国、充斥着文盲的国家。据英国经济学家安格斯·麦迪森统计，1820 年中国国内生产总值在世界经济中所占的比重为 32.9%，这是一个惊人的数字。以当今世界上最大的经济体自居的美国，历史上最高的数字也不过是 1950 年的 27.3%。鸦片战争是清代经济发展的分水岭，西方强盗逻辑声称战争发生是因为中国野蛮、落后，他们前来传播西方文明、订立商业规矩。其实完全不是这样的，他们将军舰开到中国来只有一个目的——掠夺中国的财富。中国在晚清时期惨遭列强蹂躏，民族产业一蹶不振，那不是因为中国野蛮落后，而恰恰是因为中国的富足、文明。西欧和美国 1820 年、1870 年、1913 年的生产总值占世界总量的比例分别是25.4%、42.5%、52.6%，呈一个明显的上升趋势，而同时中国的占比却分别是32.9%、17.2%、8.9%。列强用军舰大炮强行破坏中国原有的商业体系，就商业史发展而言，究竟给他们带回了什么、给我们带来了什么，看看这组简单的数据就一目了然了。

四、双城记：近代商业史中的
广州和上海

谈明清以降的商业贸易，无论如何也绕不过广州和上海这两座繁华的城市。我们甚至可以说，近代商业史上那些最值得我们关注的事件，大都被这两座城的秋风霁月、滚滚红尘所见证。如果把整部近代商业史比作历经岁月沧桑的母亲，那这位母亲的长子是珠江之畔的广州，那座在新中国依然引领商业发展新潮流的美丽"花城"；而这位母亲的爱子则是浦江之畔的上海，那座正在创造着新的商业传奇的东方"魔都"。

广州早在秦朝统一岭南之前，就已经是象牙、翡翠、犀牛角这些海外奢侈品的重要集散地。西汉时期，以广州为起点的"海上丝绸之路"开始形成，东南亚一带客商往来不绝，人们甚至能在广州港口看到罗马商人的身影。到了魏晋南北朝，中国对外贸易的规模不断扩大,已有十几个国家通过广州与中国进行贸易往来。这一时期,中国的丝绸也由广州远销罗马,深受罗马消费者的喜爱。隋唐时代的广州,已然成为世界上著名的贸易港口,"海上丝绸之路"也成为当时世界商贸往来的重要通道,大量的中国瓷器、丝绸由此运往世界各地。为了更好地管理这一繁忙的外贸口岸,唐朝在广州设立了市舶使,向外来船舶征收关税。宋代沿用唐朝旧制,并设立了专门的管理机构"市舶司",由朝廷派出"市舶司提举"做这一机构的长官。市舶司负责对外国商船征税、对某些商品进行官方收购,并且负责管理外国商船的出入境检查。为了扩大对外贸易,宋朝也在杭州、明州(今宁波)、泉州、温州等地设置了市舶司。

明朝中前期的对外贸易中,只有朝贡贸易是合法的。虽然各个通商口岸依然设有市舶司这一专门机构,但其主要工作是管理朝贡船只往来,严格控制对海外的贸易。新航路的开辟,使欧洲各国具备了大力开拓海外市场的条件,中国国内商品经济发展也急需加强对外贸易。在这种情形下,广州的贸易中心地位更加凸显。清初为了对付郑成功的抗清活动,朝廷多次下令禁海,使沿海地区经济遭受巨大损失。1684年平定台湾后,康熙解除禁海令,开放松江、宁波、泉州、广州四个口岸,接纳外商货船进入,海上贸易逐渐红火。运送货物的船只到达港口后必须到海关登记,根据货物的种类和价值支付相应的关税。1757年,因有外商不服从当地政府管理,清朝封闭了其他三个口岸,只留下广州继续对外商开放,这种情况一直持续到鸦片战争前。

以广州为起点的海上丝绸之路贸易航线在清朝有了很大的发展,不仅传统的至欧洲、拉丁美洲、东南亚、日本航线更加成熟,到北美洲、俄罗斯和大洋洲的商贸航线也得以开辟。1783年冬天,一群美国纽约商人合资购置一艘360吨的木质帆船,命名为"中国皇后"号,于1784年2月22日从纽约起航,绕过南非的好望角,穿越印度洋,于同年 8 月 28 日达到广州黄埔港。美国商人的货物很快销售一空,获利 3 万多美元。同年 12 月 28 日,"中国皇后"号满载中国的丝绸、茶叶、瓷器返回美国。中国商品在美国大受欢迎,很快被抢购一空,据说当时的华盛顿总统也购买了一批中国瓷器。中美贸易从此掀开了新篇章。1789 年,美国商人又开辟了美国直达广州的太平洋航线,美国的重要港口波士顿、沙伦、纽约、费城等地与广州之间的商船往来不绝。从 1784 年到 1833 年,美国前来广州贸易的商船达 1 040 艘,仅次于同期英国来华商船数量(相关数据参考《广东海上丝绸之路史》)。

广州成为清朝唯一的对外通商口岸后,全国的对外贸易皆集于广州,事务纷杂,需要有专门的机构进行管理。清政府最初是通过官府与外商打交道,后来一种特殊的机构——"十三行"承担了这一职责。"十三行"是一个牙行组织,在康乾年间逐渐成熟,成为广州最大的对外贸易管理机构。随着外贸规模的扩大,广州的外国商人不断增多,不少国家在广州设立商馆,大量的外国银元也由广州输入中国。1700 年到 1830 年,广州港的白银净输入量在 4 亿元左右。这些外来银币的种类五花八门,有英国的"鬼头洋"、西班牙的"花边钱"、美国的"倭婆钱"、玻利维亚的"树钱"、墨西哥的"鹰洋"等,这对中国固有的货币体系造成巨大冲击。

中国的近代史是以第一次鸦片战争(1840—1842 年)为标志开始的。鸦片战争前,中国与英国已有比较频繁的贸易往来,英国商人向中国输出毛、棉织品,而从中国输入茶、丝等货物。不过英国商品在中国境内的销路并不好,中英贸易有巨大的顺差,英国为此每年向中国支付大量白银。为了改变贸易上的不利局面,英国商人开始向中国大量倾销鸦片。在有识之士的一片反对之声中,清政府终于下定决心禁止鸦片贸易,并采取了一系列抵制措施,英国为此向中国发动了臭名昭著的鸦片战争。清政府在这场战争中完败,被迫与英国签订了丧权辱国的《南京条约》——这是中国近代史上第一个不平等条约。此后，列强纷纷前来蚕食中国的利益，而腐朽鱼烂的满清政府则通过一系列条约——满足"友邦"，中国近代史就在这最黑暗、肮脏的背叛与出卖中拉开大幕。关于这段历史，大部分读者都铭记在心，笔者在此不必赘述，只是特别关注《南京条约》中的一项内容，即开放广州、厦门、福州、宁波和上海为通商口岸。

条约中提到的广州，其实一直是中国对外贸易的重要窗口。清朝解除禁海令后，在沿海开放多个港口进行海外贸易，由于广州地处珠江入海口，货船通过发达的珠江水系可以方便地抵达内陆地区。得天独厚的地理条件，使外国商人更喜欢选择把广州作为他们主要的贸易地点，再加上贸易的"扎堆效应"，到后来其他港口已经很少看到外国商船了，广州成了中国商业与外界沟通最重要的窗口。1757年，朝廷正式宣布广州为唯一对西方开放的贸易港口，其实是对广州外贸地位的一次官方确认，也标志着中外贸易"广州体系"的成立。清政府将广州开放成唯一的对外口岸，又对外国客商做了一系列较为严苛的限制，引起了外国商人的不满。当中外贸易出现巨大顺差时，这种不满情绪表现得尤为强烈。英王乔治三世多次给乾隆皇帝写信，希望清政府能加大开放力度，让英国商人获得更多的贸易自由，但是遭到乾隆的拒绝。通过正常的贸易，英国人不可能顺利解决多年来贸易逆差的问题，于是他们开始在鸦片这一毒品上打起了中国人的歪主意。鸦片战争结束后，清政府经营多年的中外贸易"广州体系"崩塌了，《南京条约》的签订，让一切都已不复当初的模样，其中变化最大的是条约中提到的另一座被迫开放的城市——上海。

1843年11月，上海正式开埠。外国商人、冒险家蜂拥而至，城市规模也逐渐扩大，等到了20世纪初，上海俨然成为世界最发达的商业城市之一。上海的崛起是中国商业史上的一件大事，是什么原因促成了这一变化呢？其实早在开埠以前，上海已经成为中国东南沿海地区的商业重镇。北宋在上海镇设置"上海务"，是秀州十七个酒务之一；南宋在上海镇设置船舶分司，开始通过上海进行对外贸易。元代设置上海县，隶属松江府。到了明代，松江地区成为中国重要的棉纺加工和贸易市场，上海县也随之成为重要的商业城镇。清代的上海已成为长三角的商业中心、中国东南沿海的区域性商业重镇。上海开埠以前，广州是全国唯一合法的对外贸易口岸，中国对外贸易坚持的是"广州体系"。当时长江中下游地区的货物先集中于江西，然后经赣江、过大庾岭，最后到达广州；长江中上游地区的货物则先集中于汉口，然后越过南风岭，到达广州。无论走哪条物流通道，运输成本都比较高。而作为长江入海口的上海，拥有庞大的内陆水上交通网络，海上交通也极为方便，可以有效降低物流成本。再加上悠久的商业文化积淀，上海一开埠就受到海内外商人的欢迎，迅速成为全国的对外贸易中心，而广州的外贸港口地位逐年下降，成为一个区域性商业重镇。我们从两组简单的数据中就能看出两座城市外贸地位的变化：第一组是中国进口英国商品数据，1844 年自上海进口占全国总额的12.5%，1853 年为 59.7%，1855 年为 87.8%；第二组是中国出口英国商品数据，1844 年经广州是经上海的 7.7 倍，1845 年是 4.6 倍，自 1852 年发生逆转，经上海是经广州的 1.7 倍，1855 年是 6.8 倍（数据转引自《上海商业史》）。上海开埠仅十余年就超越了传统的外贸重镇广州，奠定了自己在对外贸易上的龙头地位。

1853 年，英、法、美侵略者与上海道台相勾结，镇压了上海小刀会起义，乘机占领了上海海关，并于次年订立了上海海关事务协定，侵夺了上海海关大权。几年后，英国人更是进一步侵夺了中国海关的大权，清政府从此丧失了在中国国土上行使海关权的资格。海关权丧失后，外国洋行迅速控制了中国的进出口贸易，上海就在这种背景下成为当时世界上著名的商业都市。上海直接进入资本主义商业发展模式，出现了一大批新型商业企业，其中最著名的是百货业。上海开埠之初，全国各地的商人纷纷云集于此，其中不少广东人在此开设广货店，经营广东特产。由于广东开埠较早，商品样式比较时新、质量也比较精良，在上海市场颇受欢迎。随着洋货的大量涌入上海，不少广货店也经营洋货。20 世纪 20 年代初，上海出现以"百货"命名的商店，到 1925 年，已有四百多家百货商店。"百货商店"这一近代商业的产物"名至实归"，并以上海为出发点，影响逐步扩散到大江南北。

超大规模的百货公司也是上海首创。上海第一家大型百货公司是 1904 年英国惠罗公司在上海设立的分公司。1917 年澳大利亚华侨商人马应彪在上海开办了"先施公司"，公司有五层楼，其中一到四层为商场，有一万多种商品，营业员 300 多人。1918 年，同为澳大利亚华侨商人的郭乐在先施公司对面开设了"永安公司"，经营规模与先施公司不相上下，雇用员工竟达 400 余人。由于营销宣传得法，永安公司开业头几天被顾客挤得水泄不通，每天的营业额高达 1 万多元。1926 年，大型百货公司"新新公司"成立，与先施公司、永安公司长期互相竞争、鼎足而立，书写了上海商业史上的一段新传奇。先施、永安之前在广州、香港已经创办百货公司，但其经营规模、盈利能力均无法与上海的公司相比。大型百货公司这种经营模式在上海大获成功，对传统的杂货店经营形成巨大的冲击，加剧了百货业的竞争强度，促使商家求新求变，发掘自己的特色商品，提高商品质量，上海货质量精良的名声也由此远播海内外，成为上海品牌的重要无形资产。不仅百货业，上海的银行业、五金业、西药业、棉布业也风生水起，纷纷成为国内相关行业翘楚。1920 年，上海证券物品交易所正式开业，这是中国最早的证券物品交易所。

两座城的故事，几乎就是一部近代商业史。虽然我们应记住它们当年的车水马龙、万商云集，但是我们更应该记住那段繁荣背后的屈辱历史。上海开埠是建立在《南京条约》的耻辱之上的，通过这一新兴的大型商业城市，大量的鸦片曾运往清朝的各个角落，毒害中国人的健康；外国的各种商品以此为基地，在中国大量倾销，使中国原有的经济体系逐步崩溃。灯红酒绿、纸醉金迷的上海不仅与清政府无关，甚至与大多数普通中国民众无关，那是少数洋商、买办和外国冒险家的乐园。不过从商业文化史的角度而言，上海确实站在历史发展的潮头，引领了新的商业经济发展模式，创办了一大批至今还闪着光亮的金字招牌；上海海纳百川、勇于创新的精神也成为海派文化的重要代表。那么我们今天能做的是什么呢？记住那些曾经的美好，也记住那些刻骨铭心的耻辱，不忘初心，砥砺前行。如今的上海和广州，依然是中国超一流大城市。痛过了，才知道崛起，奋斗了，才会得到真正的幸福。

五、胡雪岩："红顶商人"的兴衰史

在中国商业史上，晚清大商人胡雪岩是个传奇人物，清末民初的不少文学作品中都有他的身影。胡雪岩出身贫苦之家，十几岁上被送到钱庄当学徒，后来学满出师，当了钱庄里的业务员。如果不是偶然遇到一个叫王有龄的候补官员，他多半会按着大多数钱庄学徒的人生规划走下去，努力工作，将来或许能得到当掌柜的机会，在晚清并不太平的世道里过上相对太平的日子。

在胡雪岩眼里，王有龄具有非凡的才干，应该会在仕途上闯出一片天地，于是擅自做主借给王有龄一笔银子，鼓励他到京城跑官。胡雪岩因违反钱庄借款制度而丢了工作，而王有龄却机缘巧合在京城遇到任户部侍郎的老友何桂清。不久后，王有龄得到了

"浙江海运局坐办"的实缺，他推荐胡雪岩到海运局做事，协助筹办解运漕粮。傍上了王有龄这棵大树后，胡雪岩的事业开始腾飞。他利用浙江海运局借支的二十万两白银，开办了"阜康银号"。"阜康银号"的成功运作，为他后来的发展准备了充足的资金。王有龄升任湖州知府后，胡雪岩也顺理成章地获得代理湖州公库的机会。他乘机在湖州开办丝行，利用湖州公库的公款扶助当地农民养蚕。当蚕茧成熟后，他从蚕农手中收购，运往杭州、上海贩卖。蚕茧脱手后，他再把变现的银两交还给浙江省"藩库"。整个过程表面上看与现在的"订单农业"有点类似，一个大企业预先从资金或生产资料上支持农户，让农户生产某种特定的产品，等到产品成熟，再以合同价前来收购。这种方法很时髦，很多农民喜欢这种生产方式。但是胡雪岩利用了自己的官方靠山，通过占用政府资源获得自己的利益——这就是典型的官商勾结，再完美的华袍，也掩盖不了其丑陋的本质。

　　胡雪岩和一般的官商勾结的不同之处在于，他并没有止步于这种占公家便宜的生意，而是不断利用自己掌握的官方资源去开拓新的经营项目。他看到天下不太平，已有乱世征兆，于是说服当时的浙江巡抚黄宗汉入股开办药店，利用官方支持，使自己的药店成为各路运粮人员的指定供药商，而且逐渐将此业务扩大到军队。这样一来，除钱庄、生丝业务之外，胡雪岩的中药业务也风生水起。后来的事实也证明，恰恰这项业务是他经营最为成功的———一百四十年过去了，今天"胡庆余堂"依然是中药领域里的一块金字招牌。随着交际圈子的扩大，胡雪岩结交了避乱上海的苏州潘叔雅、关季重等一帮子富家公子，利用他们存入"阜康钱庄"的现银开办当铺，当铺生意也红红火火。胡雪岩最早以"阜康银号"起家，业务越做越大，钱庄业务后来成为胡雪岩的主业。

　　王有龄自从与何桂清搭上关系后官位步步高升，后来做到浙江巡抚的位子。随着王有龄的官场崛起，胡雪岩也终于成为江浙一带的巨商。后来王有龄在与太平军的作战中殉职，胡雪岩很快搭上新任浙江巡抚左宗棠。他靠着自己的机智、干练得到左宗棠的赏识，成为左宗棠身边重要的帮手。胡雪岩傍上了左宗棠，从此在商界无往而不利；左大帅有了胡雪岩的资金支持，仕途上也是一帆风顺。表面看起来二人是官商勾结、互相利用，但是实际情形并不那么简单。在胡雪岩方面，他的确利用了自己的官方资源，乘机发展金融业务和生丝、中药生意，并由此建立起庞大的胡氏商业帝国，他当然是这重官商关系中的得利者。但是从左宗棠的角度而言，如果身边少了胡雪岩的运作，他为清朝建立的几大功业未必能那么顺利实现。左宗棠的众多功绩中，最重要的一项是经营西北。当时西北地区颇不太平，前有捻军、回民起义，后有阿古柏入侵新疆，新疆有从中国版图分裂出去的危险。清政府命左宗棠前往陕甘镇压捻军和回民起义军，并收复新疆。左宗棠的大军浩浩荡荡奔向战场，同时他在上海设立转运局，专门用来购运西洋军火，转运东南地区供应的粮饷。转运局介于官商之间，左宗棠让胡雪岩来主持这个机构的事务。获得左宗棠的特许掌管大军的后勤供应，胡雪岩尽心尽力，为前方部队精心挑选各种当时最为先进的武器，如"开花大炮""标针快响枪""七响枪"等现代化武器，让左宗棠部队的战斗力大大增强，为快速平定新疆立下汗马功劳。应该说，左宗棠大军在西北不断奏凯，离不开胡雪岩在后方的有力支持。

胡雪岩受到左宗棠的赏识、抬举，社会地位也不断提高，后来还得到朝廷赏赐的"红顶戴"和"黄马褂"。胡雪岩是一个商人，看重的是投入和产出，不会为了朝廷的虚名而放弃自己的利益。虽然已经拥有了朝廷赏赐的名分、地位，但在和官府的贸易往来过程中，胡雪岩依然按照商业原则来运作，在替左宗棠军队办理的几宗借款业务中，都没有忘记收取回扣、中饱私囊。自 1867 年到 1881

年，胡雪岩共帮助左宗棠借了七笔涉外债务，总计接近 1 600 万两白银。每次借款，胡雪岩都要在外商利息报价的基础上加价给清政府，比如 1867 年和 1868 年向上海洋商借的两笔贷款，洋商报月息为 0.8%，胡雪岩从中加价 0.5 个百分点，达到 1.3%，而清政府最后实付居然是 1.5%，比洋商的报价几乎翻了一倍。胡雪岩为左宗棠第一次借款，名义上是 120 万两白银，但是先行扣除"水脚"、保险、汇费、息银等费用后，左大帅实际拿到手的只有 110 余万两白银，其中的差额部分自然进了胡雪岩的账户。左宗棠不仅让胡雪岩帮忙借外债，他还通过胡雪岩的转运局，向上海、汉口、西安、长沙、兰州等地票号借款累计达 900 万两白银，支付利息 45 万两白银。仅经营左宗棠的贷款业务，粗略算下来胡雪岩也有几百万两白银的收益。这些贷款都是用清政府的闽海、粤海、浙海、江汉、江海等各关的洋税担保的，胡雪岩虽然有一定的居间风险，但是和政府做生意，背后有税收做抵押，这个风险是可控的。在他看来，自己占公家的便宜是可以的，这是他利润的主要来源；反过来，公家占自己的便宜则绝对不允许，这也是历代所谓"官商"的共性。

由于朝中有过硬的后台，又善于在政府、洋商之间左右逢源，胡雪岩的钱庄能更容易地揽到达官贵人的存款。"长袖善舞，多钱善贾"，获得大量资金支持的胡雪岩生意越做越大，特别是在金融业务方面，十余年间"阜康钱庄"在全国开了二十多家分号，业务量甚至超过了之前一直独霸中国金融市场的山西票号。钱庄生意红火，胡雪岩一方面用钱生钱，经营金融借贷业务，另一方面他的生丝、中药和当铺业务，也风生水起，特别是生丝贸易，为他带来巨大的利润。为了获得生丝定价权，他在 1882 年筹措 2 000 万两白银，套购了运到上海的所有生丝，让洋商"欲买一斤一两而莫得"。洋商只好托人前来与胡雪岩进行谈判，但因胡雪岩态度强硬，双方最终没有谈拢。洋商固然遭到了巨大损失，但胡雪岩的损失更大——约 2 000 万两白银的资金无法流转，这对钱庄业务来说几乎是致命的。到了 1883 年，新丝就要上市了，胡雪岩想通过囤货与洋商继续打"生丝大战"，但他此时已经财力不济了。这几年国际生丝市场也发生了变化，对丝织品的需求骤减，洋商又借机抱团，"共誓今年不贩生丝"，上海生丝贸易陷于停顿。最后胡雪岩被迫将囤积的生丝降价出售，损失了 800 多万两白银本钱，这笔钱虽然不至于让胡雪岩破产，但的确对钱庄的现金流造成严重影响。

恰在这微妙的时刻，他替政府借的一笔数额不大的款项出了问题。这笔到期的款项本息共计 80 万两白银，本来是没有任何问题的，但当时的上海道台邵小村却扣住钱不还。邵小村的后台是李鸿章，胡雪岩的后台是左宗棠。据说邵小村秉承李鸿章的意旨，故意给胡雪岩找麻烦。李鸿章与左宗棠有矛盾，正好以胡雪岩为突破口，借机打击左宗棠的势力。担保的借款到期还不上，胡雪岩只得从阜康钱庄各分号紧急调集现银弥补亏空，这无疑让本来就银根紧缩的钱庄雪上加霜。这一年各地钱庄倒闭成风，储户人人自危。胡雪岩生丝生意损失惨重的消息早已尽人皆知，现在阜康钱庄又挪用存款填补外债窟窿，这些消息更加重了储户的担忧，于是挤兑风潮发生了。在胡雪岩的阜康钱庄遭到储户挤兑时，他的官方后台们不仅没有施以援手，反而落井下石，纷纷加入挤兑队伍。结果阜康钱庄上海总号率先倒闭，其他各地分号也在短时间内先后关门大吉。墙倒众人推，胡雪岩当年帮左宗棠借洋债拿回扣的事情也被揭露出来。既然有人举报胡雪岩，朝廷不仅下令撤了他的"候补道台"虚职，还特意让左宗棠来查办胡雪岩。朝廷的信任和商人的情谊孰轻孰重，左宗棠自然心中有数，他不可能继续做胡雪岩的保护伞。胡雪岩多年来与官府打交道，他钱庄的存款一多半来自各级官员，甚至清政府也有不少款项由胡雪岩的钱庄经营。如今阜康钱庄一倒闭，清政府和各级官员立刻换了一副狰狰嘴脸，查封了胡雪岩在各地的当铺、资产，首先偿还朝廷欠款——胡雪岩的商业帝国轰然倒塌了。

胡雪岩的发家史就是一部晚清商业文化堕落史。他利用官府背景快速扩张金融业务，为自己的商业帝国打下基础；他善于拍马钻营、八面玲珑，为自己的商业活动营造"人脉"。他所谓的"成功"有着鲜明的时代背景，必定是在法制不完备、特权横行、政治腐败的环境中才有可能实现。历史经验证明，凡是靠官商勾结而取得的成功，往往不能长久。勾结官员，利用特权寻租，这的确能给商人带来丰厚的利润，但古往今来以利益为纽带的人际关系很难持久。官场上也没有真正的不倒翁，把自己的全部命运寄托给几只"大老虎"，最终的下场一定很惨。等到商人们想起胡雪岩的"红顶戴""黄马褂"，不是垂涎欲滴的艳羡而是当头棒喝的警醒，我们的商业文化才算有了更值得尊敬的进步。

推荐阅读

1. ［法］沙海昂注，冯承钧译：《马可·波罗行纪》，上海古籍出版社 2014 年版。

2. ［加］卜正民著，潘玮琳译：《挣扎的帝国：元与明》，中信出版社 2016 年版。

3. ［加］卜正民著，方骏等译：《纵乐的困惑：明代的商业与文化》，广西师范大学出版社 2016 年版。

4. ［美］黄仁宇：《万历十五年》，中华书局 2006 年版。

5. ［美］罗威廉著，李仁渊、张远译：《最后的中华帝国：大清》，中信出版社 2016 年版。

6. ［英］安格斯·麦迪森著，伍晓鹰、许宪春译：《世界经济千年史》，北京大学出版社 2003 年版。

第六讲
货币简史：这可能是
"最值钱"的历史

　　2018年暑假，我老家县城东郊的"东山早市"要被官方取缔了。这个沿东山环城公路自发形成的农贸市场已有数十年的历史，每天起个大早逛逛东山大集，是不少县城居民的日常必备功课。彼时我恰好回老家陪老父亲，于是在取缔前专门去看了看这个名扬周边地区的大集市。

　　早市占据了两三公里长的路面，经营摊位超过千家，从半夜下海捞上来的活蹦乱跳的黄花鱼、大对虾，到早晨刚从地里摘下来的带着露水的豆角、黄瓜；从新疆拉来的据说比蜜还甜的沙瓤大西瓜，到东北运来的颗粒饱满、白玉无瑕的大米……货品琳琅满目，无所不有。我还看到一个身穿旧迷彩服的中年山民，用担子挑着野兔和野鸡，野兔是土黄色的，瞪着圆圆的眼睛、竖着长长的大耳朵；野鸡则有着红红的脖子，翎毛五彩缤纷、艳丽无比。这位一声不吭的山民神神秘秘、小心翼翼地在喧闹的人群中穿行——野生动物买卖是非法的，即使在没有官方管理的集市上。不过东山大集就像一张巨大的网，你永远想象不出会有什么稀奇古怪的物事穿过那大大小小的网口，突如其来地出现在我们面前。我抱着怀旧的心情观望着这个即将被取缔的市场，在来来往往的人流中寻觅着，似乎在寻觅那些无声无息中流逝的岁月——毕竟，这种自发的大集在中国已有几千年的历史了，在商业市镇兴起前，它一直是中国农副产品最主要的交易场所之一。

东山早市只是中国县域经济的一个缩影，世界各地的农贸市场其实也大体如此。如果抛去我们那些追忆似水年华的情怀，它或许并没有什么独特之处。但我要讲的并不是这个集市，而是这集市上一个八十多岁的农村老妪。这位满头银发、与世无争的老妪身型瘦小、衣着朴素，盘腿坐在马路边，就像坐在自己家的炕上那样自如安详，与周围的熙熙攘攘、喧嚣热闹形成鲜明对比。她静静地坐在那里看来来往往的人群，眼中饱含着岁月沉淀下来的从容不迫，身前放着一个柳条编的小篮子，篮子里有五六根长得东倒西歪的黄瓜。她慈祥安宁的神态让我想起我的姥姥，姥姥当年经常挎着那样一个同款的篮子，迈着一双民国初年裹过的小脚，花一上午的时间，从山村里一步步量到县城来看我们……我瞬间的走神被这位老妪打断，她笑着问我要不要买她的黄瓜，五块钱四根，没打过药的，大小都差不多，不论称，很便宜。我蹲下来从她的篮子里挑了四根黄瓜，她从身边的无纺布广告袋里掏出一把皱巴巴的塑料袋，挑出其中一只铺在自己膝盖上，用手努力把塑料袋扯得平整一些，把我挑好的黄瓜放了进去。这个塑料袋子洗过了，是干净的，老妪说。我身上恰巧没有零钱，只好掏出一张五十元的钞票递给她，没想到这让她吃了一惊。她说哎呀，我一早晨也没收几块钱现钱，找不开啊！你能用电话扫给我吗？说着，她从篮子里拿出一张印着二维码的塑料卡片——我刚才并没有注意到，这张卡片是用一根黑色鞋带拴在篮子把上的。

　　我开头讲了"东山早市"的故事,并不是出于怀旧的偏执,而是想表达这样一个事实——货币,商品市场最重要的交换媒介,即使在中国比较偏远的乡下集市上,也已经开始发生深刻的变革。这场变革对商品经济即将产生的影响,恐怕会超出我们的想象。如果放到历史的纵线上比较,我觉得这场变革的意义不亚于当年人们发明货币来进行商品交换。如果让我来畅想一下未来的市场,它可能会是这个样子的:我们甚至不再需要老妇用鞋带把二维码卡片拴到篮子上了,也用不着掏出手机打开"扫一扫"支付功能了,我们所有的个人资料、资产数据、信用指数都存储在天空的哪朵"云端"里,商品的询价、比价、购买、支付,通过确认几个眼神即可完成。货币自然不会再有了,"东山早市"之类的市场也将不复存在,无论城市还是乡村,满世界飘来飘去无人驾驶的智能运输工具——快递小哥解放了,他们再也不必风里雨里骑着电单车讨生活了。当然这一切的真正实现还需要时间,农贸市场上普通老妇的二维码卡片,只是走向这种生活的一个小小标记。记住历史是很重要的,特别是那些即将在生活中与我们渐行渐远的物事。让我们暂且忘掉"东山早市"上用二维码收款的白发老妇,忘掉风雨里来去匆匆的快递小哥,一起回顾一下货币的历史吧。

一、从兔子到羊皮

　　我在第二讲里说过,商品交换有个必要前提,那就是你得有东西换,如果你生产的东西还不足以维持自己的基本生存,交换是不可能发生的。剩余产品的出现,有赖生产力的提高。假设一个以狩猎为主的部落,平均每人每天只能捉一只兔子,这刚刚能满足族群基本的蛋白质摄入需求,他们不会产生交换猎物的想法。日子一天天过去,部落里有个聪明的人发现了离心力和弹力的妙用,这个发现很快被运用到捕猎实践中——投石器和弓箭被发明了。这个部落从此再也不用与兔子赛跑,他们可以远距离向自己的猎物发起攻击,狩猎效率大大提高,现在他们有吃不完的兔子了。同样道理,隔壁的部落偶然发现了某种能驯化的可食用植物,他们不仅拥有足以维持生命的淀粉,而且还有数量可观的剩余。于是拥有剩余产品的两个部落自然而然地产生交换的需求——肉蛋白和淀粉搭配食用,也使人们的身体更加健康——这就是商品交换发生的过程。

最初的交换都是以物易物。双方首次交换就能得到自己期望的物品比较困难,好在他们很快就发现,某些特殊的商品比较受大多数交换者的欢迎,比如兔子。兔子个头不大,而且大小都差不多,个体价值并不是特别高,遇到对方是价值较高的物品,可以用数量不等的兔子交换:你送来一大陶罐粮食,连罐子带粮食,可以用五只兔子或六只兔子交换;你提供的是一小罐粮食,那也许付给你两只兔子就可以了。如果另外一个部落很善于猎熊,他们想用熊来交换粮食就麻烦得多。一小罐粮食或许只够换一只狗熊爪子,这让交换很难进行下去。聪明的人们很快发现有一种方法可以解决这个问题,那就是把一只狗熊换成三十只或五十只兔子,然后再用这些兔子去交易市场交换自己喜欢的商品。我们应该感谢那个特别会抓兔子的人,稍微懂点经济学的人都知道,兔子在这个交换场景里承担了等价物的角色。

其实我们可以畅想一下,聪明的古人一定早就发现了等价物的用处，我们相信在很长的一段时间里，他们也必定试过用牛、驴、马等被人类驯化的动物充当交换的等价物。不过这种大型动物本身不可分割，或者分割后自身价值产生损耗，因此它们更适合用于大宗商品的交易。而且这些大型家畜的养殖也需要更为专业的知识，消耗相当数量的生活资料；对普通的消费者来说，保养好这些"等价物"迎接下一次交换，也是个不小的负担。相比较而言，还是类似于兔子这样的小型猎物更适合被当作交换的等价物。不过随着交换的发展，人们发现用兔子做等价物其实也有很大的不便。且不说抓兔子并非一件很容易的事情，猎人需要丰富的经验和效率更高的捕猎工具。就算抓兔子变得比较容易，可兔子的数量是有限的，它们本身并不是无穷无尽的资源，市场上很容易出现短缺的情况。就算不发生短缺，但兔子是用来食用的，在储存条件比较原始的社会里，可以被用来储存肉类的盐或香料产量很少，如果商品交易量比较大，保存相应数量的兔子也是比较麻烦的事情。大动物不行，小动物也不行，那到底用什么做等价物比较好呢？古人后来发现动物皮毛是个不错的选择。

就拿牛皮来说吧，它的用处是非常多的。可以做结实的衣服，这种衣服能抵挡得住小型冷兵器的伤害；可以做成一面大鼓，牛皮鼓这一乐器在中国有几千年的历史；还可以做其他各种稀奇古怪的、古人喜欢的装饰品等。牛、羊需要人们费心费力地喂养、侍弄，但照顾、护理一张牛、羊皮可简单多了，因此牛皮或羊皮迅速上位，取代牛、马、兔子等其他一切活物，充当了商品交换的等价物。"皮币"在世界范围内流行了好多年，据文献记载，商朝和周朝都曾用过动物的皮毛做货币。即使后来人们已经发明了作为一般等价物的金属货币，不少情形下，牛皮、羊皮等动物毛皮还在充当"货币"的角色。比如春秋时著名的秦穆公，他之所以能够成为诸国公认的"霸主"，离不开贤良之臣百里奚的大力辅佐。百里奚是秦穆公夫人的陪嫁奴隶,后来逃跑到楚国,被楚国人抓起来了。秦穆公听说百里奚是个有才能的人,就用五张黑色公羊皮把他从楚国人手中赎了回来。这是公元前 7 世纪的事情,此时周朝的不少地方已经有了铜质货币,但动物的皮毛还是可以作为交换的媒介。不用说春秋时代了,即便是到了汉代,汉武帝有一天头脑发热,还曾发行过专门的"鹿皮币",用的是他私人园林里豢养的白鹿之皮。汉武帝的鹿皮币每张面值为四十万钱,其实不过是变着法子"杀熟"、搜刮钱财的幌子罢了。由于鹿皮币币值过高,无法在市场上正常流通,过不了多久就作废了。

在使用动物毛皮做交换的等价物之前,人们必定还试过用粮食、手工艺品、农具等各种物品,不过都不如毛皮来得更方便。唯一美中不足的是,动物的毛皮必须以牺牲动物为前提,这使它的产量有一定的限制。牛被驯化后一直是古人重要的生产资料和运输工具,牛皮不是那么容易得到的。相对而言,羊皮也许更适合做交换媒介,可是面对越来越大的商品交换量,羊皮的供应量恐怕也难以满足要求。除此以外,等价物分割的问题依然存在。一个奴隶只能换五张羊皮,说明羊皮的价值还是比较高的,如果商品的价值小于一张羊皮怎么办?这张用作交换的羊皮要被分割开吗?按什么比例分割?一张四分五裂的羊皮还有羊皮的价值吗?最重要的是,无论牛皮、羊皮或者其他什么动物的毛皮,虽然比肉类更耐储藏,但保质期总归也是有限的,毕竟都是有机物质,用不了多少年也会腐朽、烂掉,这依然会对财富的积累造成很大的困扰。

这些问题不解决,商品交换活动要上一个台阶还有很大的困难。捉兔子的人、收兔子的人、提供羊皮的人、卖货的人,他们都面临这一现实的交易困境。可是生产力的发展不等人,大量剩余产品堆在那里急需找到它们的新主人,兔子、熊、牛、羊,甚至牛、羊的皮都不是最好的等价物候选目标,那么谁才是呢?

二、贝壳，众里寻他千百度

用动物做一般等价物实在不方便，即使是兔子这样的小型动物。动物的毛皮虽然相对好用一些，但其分割后价值降低的缺点也影响了它的推广。为了有效地进行商品交换，古人在寻找一般等价物上可真是操碎了心。在商业交换实践中，他们发现，如果某种物品具有以下五个方面的特性，用来做一般等价物就再好不过了。这五个特性是：质地耐久、携带方便、数量充足、分割容易、价格稳定。

质地耐久，不容易坏掉、烂掉或者死掉。所有的动物，无论大小都不符合这项要求。动物的毛皮也不合适，总不能爷爷辛苦一辈子攒了几百张羊皮，等到孙子辈上准备拿出来挥霍一下，发现羊毛可能还在，但是皮却烂掉了。有一段时间，部落间也可能流行过用手工艺品做交换媒介，比如某个陶器专业部落非常善于烧制陶罐，大家都喜欢他们的产品，于是陶罐充当起了一般等价物在部落间流转。可是陶罐易碎，无论你怎么小心地捧着护着，也不能阻止各种意外的发生，所以陶罐很快被从货币候选名单里划掉。

携带方便，自然不必细说，为了这个指标，中国古人探索了几千年。经商逐渐成为一门专业性很强的技术活，商人从社会其他阶层中分化出来，他们要长途跋涉进行物资调运、贸易，自然要随身携带用来交换的一般等价物。这种等价物若体积太大则携带不便，如果装载好几牛车的一般等价物去交换其他商品，既不安全，看起来也是非常滑稽的事情，所以一些形体比较大的物品首先被排除出一般等价物的候选目标。是不是形体比较小就一定可以呢？其实也未必，很常见、很不值钱的小东西也不符合要求，这是常识，不必多说。

数量充足，有足够的一般等价物可供市场流通，不能经常发生短缺的情形。在中国古代，人们还不太明白钱币流通数量与国家资产的关系，只是大体知道钱币超发不会有什么好结果。实践出真知，古人也不笨，至迟到了宋元时代，朝廷已经搞明白，钞票这东西毕竟不同于实物货币，它代表着政府信用。那用什么东西来维护这份信用呢？他们想到了用粮食或丝绸做储备，支持纸币的发行。不过这都是商品经济繁荣后的事情。在远古时期，物资总量毕竟有限，商品经济的发展还远远未到担忧通货膨胀的地步，人们更担忧的是到哪里去找这足够多的一般等价物。因此一般等价物候选名单上的物品数量要相对较多，不能经常发生短缺。

分割容易，这一点也很重要。之前用来充当一般等价物的商品，都不太容易分割，很多物品如果分割，其价值就大打折扣。如果是一头牛，就算大家把它分割了，部落的成员还可以美美地吃上一顿。但如果是一个陶罐，你让它怎么分割？一个分成两半的陶罐，除了留给后世做考古用，再也没有其他价值了。所以一般等价物或者容易进行物理分割，而且分割后总价值并不发生改变；或者体量足够小，不需要再进行物理分割，仅靠数量变化就能完成交易。

最后我们说说价格稳定。作为一般等价物的商品一定要价格相对稳定，不能经常发生剧烈变化。比如市场供求关系没有发生什么大的变化，风调雨顺也没有自然灾害，本来十个一般等价物可以换一头牛，可是到了第二年居然需要二十个才行。牛还是那头牛，可是一般等价物却一年之内贬值100%，这样一来市场就乱套了。所以作为一般等价物的物品产量短时间内不能有较大的波动，这样才能保证它的价格稳定。

除了上述五个条件外，普通民众还要对这种一般等价物的价值比较认可，不能突然冒出一种东西大家都不认识，你自说自话地宣布它很值钱，值多少头牛、值多少个瓦罐，那样也是不行的。我们可以畅想一下，有一天你带着一旅行包钻石穿越到以物易物的远古时代，你以为可以过上衣食无忧的幸福生活，但结果恐怕是你只能饿死在原生态的绿水青山之中。在当地人的集市上，你这包钻石就是一文不值的垃圾，你如果乱扔乱倒还会遭到人们的嫌弃——这东西太硌脚了，如果按垃圾分类标准，它完全属于"有害垃圾"，没鞋子可穿的古人最恨这种小碎石头。你必定连一只鸡蛋也换不来，你既不善于奔跑又不会上树，摘不到野果也抓不住野兔，如果不靠预知未来、装神弄鬼来骗骗古人的话，你可能活不过一星期。古人其实比今人更加理性，他们并不觉得钻石除了能割玻璃外还有什么价值，既然玻璃还没发明，那这石头一点用处也没有，凭什么当一般等价物？

　　历史有的时候真是说不清楚，中国文化最早的发祥地在中原地区，这里虽然有大河，但却没有什么大海。不知是出于什么原因，至迟在中国进入奴隶社会时期，"贝"这种和大海有关的物件竟然成了重要的一般等价物。贝走入古代中国人的经济生活，这无论在青铜器铭文上还是古代贵族的墓葬里都得到证明，这方面的考古资料多得很，不需我来赘述。我想说的是，贝壳光滑润泽、美观坚固，如果穿上孔的话，非常便于携带。它价值适中，既不太贵，也不算便宜，用来做货币单位刚刚好，用不着再把一个贝壳分开花两次。比较下来，这个亮晶晶、有着神秘生殖崇拜意味的物件，被古人选择来充当一般等价物。从原始社会晚期开始使用，一直到秦国统一天下前，市面上有各种贝壳货币的影子。据说用贝壳做货币，不仅仅在中国发生，在世界其他地区也有类似的现象，我只能说那些地区人们的选择也是非常明智的。

　　贝作为一般等价物，在古代中国有漫长的流通历史，以至于对中国的文字系统都产生重要影响。我们可以查一查字典，带"贝"字的汉字，大都与"财富""钱币"有关，比如赠、贺、赚、货等。当然也有例外，像"狼狈为奸"的"狈"。古人为什么要把"贝"这么高大上的事物，安放在一头"瘸腿"的犬科动物身上，的确是个谜。

三、铜币，改变了商业世界

大约到了新石器时代晚期，中国已经有了铜制品。商周时代大量精美青铜器的出现，说明中国青铜冶炼此时已经达到非常高超的水平。聪明的人类怎样在手里举着石头工具、怀里揣着贝壳钱的时候发现了铜，这也是个千古之谜，其难度一定超过猎取一头猛兽。自从铜出现在人们的视野中，这世界变化的节奏明显加快了。如果石器时代人类的大事记还是以万年为单位记录的，铜出现后就开始以千年、百年为单位记录了。

铜出现后，人们很快发现它的种种优点。除了受冶炼技术所限，它的数量可能及不上贝壳外，其他几个指标都比贝壳好得多。我们相信，即使在贝壳币大行其道的时候，铜质货币作为一种全新的货币品种，至迟在商朝末期，已经开始在市场上流通了。最初的铜质货币是什么样子的呢？你可能想象不到，其实就是用铜铸成贝壳的样子，我们称之为"铜贝"。在金属农具被创造之前，人们使用的自然是各种石质工具。铜的出现，特别是质地相对坚硬的青铜冶炼方法成熟，石质农具有被改良成金属农具的可能。在遥远的三四千年前，青铜的产量毕竟有限，它能多大程度被利用到农业生产工具的改进上，是个值得探讨的问题。不过至少有一件事情不必怀疑，商代黄河中游的广大农业生产区，已经出现了用铜铸造的微型农具，与生产中使用的农具相比，算得上是真正的"具体而微"了。比如说小铲子吧。实用农具铲子的后部，往往要打磨成空心的，以备安装木质把手，然后用草绳、牛筋之类的东西捆扎结实，这样用起来才趁手。那些青铜铸造的微型小铲子呢，后部也要做成空心的，似乎插上一根小木棍就能拿这小铲子当锅铲炒菜，当然商朝人是不会炒菜的，他们还没发明用于炒菜的食用油。那么这些微型的青铜农具是做什么用的呢？货币。因为贝壳币流通了很长时间，当人们有了铜，就用铜做了铜贝。其实我们也可以推想，大约在黄河中下游的粮食主产区，制作精良的农具已充当了好长时间的一般等价物。农具做货币的时候，这个农具必定要具有使用价值，这还算是比较古老的交换方式。而贝壳也好，铜贝也好，青铜小农具也好，这些东西虽然有价值，其实已经不能实际应用于生产中了——它们成了真正的货币，这才是商品交换媒介所发生的深刻变化。

虽然铜终于成了中国古人首选的货币材料，但是有一个基本事实我们需要知道：在生产力还不足够发达的年代，市面上的商品并不丰富，这个时候货币的供应还不太有问题；且出于古老的交换习惯，民间依然留存着以物易物这种商品贸易方式。秦汉之后，商品经济逐渐繁荣，商品的供应量远远超出货币的发行数量。在纸币还没被发明和应用的时代，货币短缺会给人们的经济生活造成巨大的麻烦，因此社会上以物易物的交易方式又红火了起来，有时候官方也鼓励这种交易行为。在以物易物的交易中，大家不会再用贝壳了，而比较喜欢采用另外一种价值较高、价格也相对稳定的物品——绢。通过复杂的计算体系，聪明的古代人还能整明白绢与铜币或黄金、白银之间的比价关系。

铜质货币成为商品交换媒介时，是穿着不同的马甲出现的。最初可能是铸成贝壳的样子，后来又做成微型农具的样子。大概在流通过程中，人们还是觉得这微型农具钱用着比较顺手，看着也更亲切，所以周朝时这种农具钱逐渐流行起来，人们给这种钱起了一个奇怪的名字——"布"。在我们的印象中，布是什么？不就是一种可以用来剪裁衣服的材料吗？有学者认为，古代的确用过做衣服的原材料布做货币，这种青铜做的微型农具钱只是借用了布的名字。不过，我们通常认为"布"是"镈"的借字，其实最标准的叫法应该是"镈币"。古人文字不发达，整天使用"镈"，但要用文字表达这个东西却有点犯难，正巧那个布字比较好认，就用它替代好了，于是就有了"布币"。布币不是布做的而是铜做的，这一点一定要记清楚。那么现在的问题是，"镈"又是什么物件？解决这个问题比较简单，你看看布币长什么样，就知道"镈"大体是什么样了，它其实就是一把铲子，是古人日常使用的农具。不过这个铲子与我们现在的铁锹不太一样，如今的铁锹要么是方头的，要么是圆头的，我还没发现有人使用商周时代那种中间内凹、两个边角外凸的铁锹。古人一定要把"镈"做成这个样子，总归有他们的道理，这个我们实在是搞不清楚，我们只要记住布币就是"镈"的缩微版就好了。

布币历史上使用的时间比较长，种类繁多，有五花八门的名字，想认全是比较困难的。其实我们没有必要去刨根问底，只要记住布币从大类上分两种，一种叫作"空首布"，一种叫作"平首布"。怎么区分这两种不同的布呢？其实非常好办，布币像一把小铁铲，它的把手部分有个很古老的名字叫"銎"，因为它凸起来像是小铁铲的头，于是我们称它为"首"。作为农具的铲子当然也有"首"的部分，而且"首"一定是空心的，在空心里插上木头把手——一个完整的铲子就做成了。布币模仿农具铲子的形制，所以它的"首"也是空心的，看上去比布币的其他部分要厚重一些，这种布币就是空首布。而"平首布"就不一样了，小铲子的把手是装饰性的、实心的，厚薄与布币的其他部分差不多。为什么会有这种差别呢？原因很简单，空首布出现年代较早，人们刚刚学会用铜模仿农具做成钱币，就怕模仿得不像，所以那个"首"的部分一定与真实的铲子一样，要做成空心的。空首布币面大多铸有文字，有的时候是数字，有的时候是天象或其他我们搞不懂的神秘符号。这种货币虽然出现的时间比较早，但真正流通较多的时期是春秋时代，周国、郑国、晋国、卫国都使用过，其中晋国用得最多，现在出土的空首布大多是晋国时期的。

空首布的那个空心把手其实一点用处也没有，反倒增加了铸造的麻烦。铸造一枚空首布的时间，大约十枚平首布也做出来了。古人都是很聪明的，在货币流通中他们很快发现，消费者才不在乎你是不是"空首"的呢！而且空首布本身厚薄不均，整理收藏也不方便。于是到了战国时期，人们铸造钱币的时候渐渐不再费时费力地去做空首布了，而是代之以平首布。从货币年代的久远来看，空首布更古老，存世量更少，而现在我们能在博物馆看到的真布币，或者在古董摊上买的假布币，还是以平首布为多。

布币的种类繁多，在货币史上总要给它们一个比较准确的命名，记住了命名规则，我们一下子能认识好多布币。布币头上的部分叫"首"，这个我们已经弄清楚了，"首"下面是小铲子的左右两"肩"，布币底部左右两个角则是它的"足"。根据"肩"的坡度可分为"平肩""斜肩""耸肩"，而根据布币底边的弧度和"足"的形状，可分为"尖足""方足""圆足""弧足"等。所以给一枚布币命名时，往往要兼顾它的"首""肩""足"三个指标，比如"斜肩弧足空首布""耸肩尖足空首布"之类，一下子把布币形态的三个指标都说明白了。

我们这里讲的布币是西周到战国时代比较主流的货币。其实不少诸侯国都发行自己独特的钱币，比如刀币最早由齐国开始铸行，后来华北地区的燕、赵两国也铸造自己的刀币，在这三个诸侯国区域，刀币成了流通量较大的货币。刀币的种类也很多，战国时期的燕国曾铸造了三种刀币,根据形状的不同,分别叫作"尖首刀""针首刀"和"易刀"。赵国的刀币比较特别,它是圆头直身的,所以也叫"直刀"或"圆首刀"。当然,刀币做得最好的还是有原创版权的齐国,"齐刀"铸工精湛,厚重大气,颇受收藏界的青睐。一枚标准的"齐刀"由刀首、刀身、刀柄和刀环四部分组成,刀面上铸有"齐之法化""安阳之法化""齐返邦法化""即墨法化"等字样,目前存世较多的是"齐之法化"刀币。

布币、刀币的铸行,再加上各诸侯国铸行的各种形状的铜币流通,铜的本币地位在秦朝统一前已基本得到确认。这极大地促进了当时商品贸易的发展,各色货品流通速度加快,商人搬运或贮藏自己的财富更加方便,一个新的商业时代已逐步形成了。

四、方孔圆钱:最成功的货币设计

战国时期,在韩、赵、魏和东西周等国,开始流通一种"圜钱"。这种铜钱是圆形的,中间留有一个圆形穿孔,就其形状来说,似乎是模仿玉璧的样子。后来秦国也开始铸造这种"圜钱",有学者认为可能是商鞅变法时学习了魏国的钱币形制。"圜钱"是出于何种创意设计出来的,我们并不清楚,但根据铸造工艺可以推知,铸造圆形钱币要比铸造各种布币容易得多,也比刀币简单。圆形钱不仅制作工艺简单,而且更便于使用,特别是中间那个孔可以用来穿绳子,把铜钱穿成串来运输和收藏非常方便。这么方便实用的设计,为什么只有魏、秦等国大力推行?或许因为战国中后期魏国、秦国热衷于变法改革,比较容易接受新鲜事物,而其他诸侯国比较保守,依然抱着古老的布币、刀币不放。

圆形铜钱铸造成后,要对其边缘进行打磨,以使其更加平整光滑。如果一个个地单独打磨，工作效率过低，聪明的工匠就想了个办法，用棍子串起一串铜钱来，打磨时转动棍子的两头，则一整串铜钱都旋转起来，打磨效率一下子要提高好多倍，铸币工人省了不少事。但是在实践中，工人们很快又发现了新的问题，因为铜钱中间的孔是圆形的，穿过它们的棍子当然也是圆形的，打磨时棍子和圆孔之间的摩擦力会很快减小，结果铜钱很容易在棍子上打滑旋转，这样一来打磨就比较困难了。如何解决这个问题呢？很简单，把铜钱中间的圆孔改成方孔，把木棍加工成方形插进去，这样就不会出现"滑丝"的现象了，工匠又可以享受高效率带来的快乐了——圆形方孔钱的设计理念或许就是这样产生的。应该说圆形方孔钱是铸币工匠在实践中的发明创造，后人赋予这种钱以"天圆地方"的政治或地理理念，其实也没有什么问题。但一定要说为了体现他们"天圆地方"的思想而设计了圆形方孔钱，则有点缘木求鱼、指鹿为马了。

公元前 330 年，秦惠文王开始推行圆形方孔钱。秦始皇统一天下，书同文、车同轨的政策影响深远，其实秦朝统一货币形制，也是一件了不起的大事。秦始皇把他高祖爷爷开始使用的圆形方孔钱定为法定货币，在全国推行，废除原来六国使用的各种铜币，以及黄金、珠玉等各种货币。为了适应不同的市场需求，秦朝推行两种不同等级的货币，一种是由黄金这种贵金属铸造的，称为"上币"，货币价值比较高，主要供王公大臣等有钱人使用；一种则为"下币"，就是我们所熟悉的铜币，单位价值较低，民间市场流通的主要是这种"下币"。秦朝不仅统一了货币的形状，也对货币的币值做了规定，那就是"半两"。圆形方孔的"半两"钱本来就是秦国的法定货币，既然天下一统了，它自然也成了统一的秦王朝的法定货币。"半两"既是钱币上的面文，又标记了货币的重量。秦朝推行统一的度量衡单位，衡制单位是石、斤、两、铢等，把老百姓常用的货币制成标准的"半两"重,也能让人们更方便地理解和使用新的衡制体系。按规定,秦朝的一两为二十四铢,半两的重量应该为十二铢,如果换算成现在的重量,十二铢大约在 8~9 克的样子。大概因为秦国国祚太短,好多政策还没有认真推行,目前存世的秦半两钱重量差别比较大,重的有 10 克左右,轻的只有 1 克。从铸造工艺上看,它既不够圆,也不够光滑,还远远不能与后世的相比。钱文上的"半两"二字,用的是秦小篆,据说是李斯书写的。如果一定说书法精美高妙,我觉得实在是过誉了,其实用"古朴"两个字来评价"半两"的书法水平,应该算是比较公允的。不过公道一点说,秦半两钱虽然丑陋,但在中国货币史上的地位却无与伦比,它是流行中国两千多年的圆形方孔钱币的开山始祖。仅凭这一点,它也该收获后世铜币的一地跪拜。不仅如此,它开创的计重钱体制也通行于后世,稍微太平、正常一点的年代,都用这种重量决定币值的计重钱。等什么时候出现"一刀平五千"、出现"当十""当百"了,往往离通货膨胀的爆发不会太远了。

打算千秋万代的秦朝连两世都没到头就灭亡了,刘邦在灭秦行动中崛起。刘邦的部队需要经费,钱从哪里弄来呢? 自己造。在计重货币时代,钱币的价值与重量直接相关,因此私人铸钱并不是什么大不了的事情。刘邦当时铸的钱也叫"半两",似乎和秦半两是一样的,但其实他铸的钱仅有三铢重,大约是秦半两钱的四分之一,如果混在秦半两钱里一起流通,刘邦的半两钱纯粹是欺世盗名、伪劣恶钱。秦朝法律是不允许私人铸钱的,刘邦既然造反了,当然就不会遵守了。不仅如此,他攻占了秦朝都城咸阳后,为笼络人心,还慷慨地允许民间私铸铜钱。说是允许老百姓私铸,但真正能干这营生的当然是那些为富不仁的有钱人,他们为了营利无所不用其极,铸造的钱居然像榆钱那么轻薄,人们称之为"榆荚钱"。这种恶钱一泛滥,通货膨胀即刻爆发,百姓日子过不下去了,政府的经济也崩溃了。实在没有办法，朝廷赶紧下令严禁私铸铜钱。西汉初期的这个货币史小插曲，就当是交了一堂经济学课的学费，此后人们开始更加关注货币的职能和发行问题了。

西汉初年一直发行"半两"钱，但实际重量却并非标准秦半两的十二铢，有八铢的，有四铢的。其中这"四铢半两"是汉文帝时期发行的，因为此时的经济比较稳定，市场价格波动不大，所以这款半两钱用了五十多年，一直到汉武帝时才停止铸造。汉武帝决定不再发行有名无实的"半两"钱，而是发行标明铜币实际重量的"三铢"钱，后来又改行"五铢"钱。之前各郡国也可以铸钱，发行的五铢钱我们叫"郡国五铢"，到了元鼎四年（公元前 113 年），汉武帝取消了郡国铸钱的权力，改由朝廷统一铸造。这批由"上林三官"统一铸造的五铢钱，质量非常不错，钱文书法也很精美，被称作"上林五铢"。后来汉昭帝和汉宣帝又分别大规模铸行五铢钱，人们把他们铸造的钱叫作"昭帝五铢"和"宣帝五铢"，其中"宣帝五铢"是西汉五铢钱中的精品。

西汉五铢钱可以算得上是中国历史上最成功的钱币了。它直径 2.5 厘米，厚 0.1 厘米，重 3.4 克左右，穿径 0.9 厘米，大小适中、形制美观，深受使用者的欢迎。这款五铢钱不仅在汉代通行，即使汉朝灭亡了，接下来的各个政权还是喜欢把五铢钱当作法定货币，一直用到唐高祖武德四年（621 年）铸行"开元通宝"为止，前后一共用了七百多年，可谓中国货币史上流通时间最长久的一款钱币了。此后发行的新铜币，虽然钱文不再是"五铢"，但大体是以"五铢"为钱币的标准重量。两汉之交的王莽政权，曾进行几次短命的货币改革，搞了一堆稀奇古怪的钱币，什么"金匮直万""金错刀""货泉"啊，没有一个是成功的。唯一的好处是非常精美，工艺也很了不起，特别是金错刀更是货币史上的一绝，在后世收藏界拥有崇高的声誉。

圆形方孔钱在唐朝迎来了它的第二个巨大变革——唐高祖李渊发行了"开元通宝"钱。"开元通宝"四个字是当时的给事中欧阳询写的,其文以八分、篆、隶三种字体书写。唐高宗李治曾铸造"乾封泉宝"与"开元通宝"同时行用,但一年后就废止了,唐朝的货币依然是"开元通宝"当家。一直到五代十国时期,"开元通宝"还在市面上流通,算起来前后用了300多年,也算是很成功的一款钱币了。对中国货币史而言,开元通宝的铸行有着重大的意义。第一,它结束了自先秦以来的钱文记重的货币体系,"通宝钱"体制大行其道。第二,开元通宝的钱文、重量和形制成为后代铸钱的规范,这个规范一直沿用到20世纪初,影响长达1300多年。不仅如此,"通宝钱"体制甚至影响到邻近国家和地区,如日本、朝鲜、安南等,这些地方的钱币也是模仿唐朝的开元通宝钱。还有一件比较有趣的事情,那就是从开元通宝后,"钱"就不仅仅是钱了,它还是一个重量单位。秦统一度量衡后,以二十四铢为一两,这种二十四进位制其实挺麻烦的。唐以十枚开元通宝钱的重量为一两,那么一两刚好就是十钱,十进位的算法可比二十四进位方便多了。秦汉时代使用的"铢"这一计重单位就此退出历史舞台,这可是中国度量衡历史上的重大变革,值得我们大书一笔。

"通宝钱"体制一直顽强地生存到晚清时代。受不断涌进来的西方钱币形制的影响,再加上国内出现"钱荒",清朝光绪二十六年(1900年),李鸿章在广东用机器铸造新式铜元,其他各省纷纷仿效。新式铜元的通行,结束了我国自秦朝确立的"圆形方孔"铜币形制,开启了我国铸币历史的新阶段。晚清民初乱世纷纭,铜元体系紊乱、滥铸滥发严重,镍币和各种花色的钞票开始主宰市场。到了20世纪二三十年代,铜元终于被迫退出流通,中国用了两千多年的铜币就此寿终正寝。

五、从"飞钱"到"交子"：
支付手段的重大变革

中国自秦朝开始在全国通行"半两"钱，开启了计重货币的历史。计重货币的出现是中国币制的进步，不过随着商业的发展，特别是都市商业的繁荣，大宗交易和长途运输增多，使用计重钱币就十分不便了。我们可以做一个简单的计算，一贯钱理论上为一千枚铜钱，总重为唐制的六斤四两，约相当于我们现在的八斤半。一个商人如果携带十贯铜钱前往外地进货，则要背负八九十斤重的钱币，不仅不堪其累，还可能因财富外露引起坏人的注意。而对经营大宗商品的商人来说，一单生意就是几十贯、上百贯钱，钱币运输的确是一个非常大的麻烦。

唐朝时在长安做生意的大商人赚取的钱币数量巨大，不便搬运；从外地组织货源供应京城，又不能给批发商或生产商打白条。支付手段的落后，制约了商业的进一步发展，该如何解决这一问题呢？唐朝官吏们进行了制度创新，发明了"飞钱"这一新的金融产品。据《新唐书·食货志四》记载：

　　（唐德宗贞元年间）民间钱益少，缯帛价轻，州县禁钱不出境，商贾皆绝。浙西观察使李若初请通钱往来，而京师商贾赍钱四方贸易者，不可胜计。诏复禁之。（贞元）二十年，命市井交易，以绫、罗、绢、布、杂货与钱兼用。宪宗以钱少，复禁用铜器。时商贾至京师，委钱诸道进奏院及诸军、诸使富家，以轻装趋四方，合券乃取之，号"飞钱"。

中国古代缺铜，严重影响了铸币的数量，市面上经常会出现铜币短缺的情况，上引文字反映了唐中期钱荒的事实。为了不影响本地流通，地方官规定禁止本州县的铜钱出境。一个叫李若初的官员请求开禁，结果京城客商带着钱到各地做生意的非常多，钱币大量外流，因此朝廷又下令禁钱出境。但即便如此，钱币还是远远不能满足市场需求，于是唐德宗贞元二十年（804年）下令，市场上可以用绫罗布匹及各种货物当作货币交易，商业活动似乎倒退到钱币发明前"抱布贸丝"的时代，但这也是不得已的办法。到了唐宪宗时期，商人在京城赚了钱，委托各地的进奏院或者有人在外地做官的达官贵人之家，从他们那里取得符券，然后拿着这种符券轻轻松松地出城。到了双方约定的州县，再找到委托单位或委托人，凭着符券取出自己的钱币。这种符券被人们称作"飞钱"。这情形有点像我们把钱存到上海某银行的银行卡里，然后拿着这张银行卡到北京或其他城市的银行取出钱来一样。

"飞钱"名字里虽然有个"飞"字，但商人委托给"诸道进奏院"或"诸军、诸使富家"的钱并不是真的由京城"飞"到各州县。商人的钱其实还留在京城里，只是地方政府通常需要往京城运送钱币，而诸军、诸使也有把在地方上获得的资金运往京城的需求，他们和商人达成契约，从而实现"双赢"，既不违反"钱不出境"的禁令，也让商人能更自由地使用手中的钱币进行商品买卖。虽说唐朝政府也曾下令禁止"飞钱"的使用，但是因为它大大方便了商人的经营，有着巨大的市场需求，所以一直到唐朝末年，"飞钱"也没有断绝过。在"飞钱"使用过程中，一种创新性的金融机构——"柜坊"出现了。"柜坊"是中国商业史上最早经营货币保管与兑换业务的金融机构，当时主要由财力雄厚的店铺兼营，如唐朝的传奇商人窦义曾在朋友米亮的指点下，花两百贯买了一处房子，这两百贯钱即从"西市柜坊"取出。

曾有人把"飞钱"称为中国最早的纸币，其实并不准确。"飞钱"的确启发、刺激了纸币的发明，但其本身依然只是一种信用票证，并不能当作货币符号在市场流通，因此并不具备纸币的属性，就好像我们的银行卡虽然可以有支付功能，不过它本身毕竟不是钱。虽然"飞钱"不是纸币，但它依然是唐朝商人留给后人最有价值的发明创造。真正发明纸币的是宋朝人，"交子"的发明吸收了"飞钱"的精髓。北宋真宗年间，官府停止在四川的益、邓、嘉、眉等州铸钱，民间出现"钱荒"，而川陕地区流通的铁钱又不便大量携带，商业发展遇到严重阻碍。没有了钱币，商品无法转运流通，怎样解决这一问题呢？益州的十六家富商首创"交子"。"交子"类似于现在的存折，商人将钱存入"交子铺"，交子铺"收入人户见钱，便给交子"。交子用同款式的纸张印制，票面上印有房屋、树木、人物等各种图案，发行它的交子铺在上面押字，而且会写上隐秘的题号，朱墨相间，以防止他人伪造。交子样式虽然统一，但票面金额可根据实际情况填写，没有数额上的限制，而且支取时也不限地理远近。和现代银行不同的是，交子铺理论上并不能动用储户的存款去投资，它必须保持十足的兑付能力，准备金率是 100%。那交子铺的盈利模式是什么呢？其实它赚取的是金融服务费。持有交子的储户提取现钱时，需要交纳 3% 的手续费，交子铺赚的就是这笔手续费，这与我们把钱存到银行里，银行还要付我们利息是不同的。

交子的发行给商业带来便利，但没过多少年市面上就出现了伪造的交子，给交子铺经营者造成巨大的损失，以至于一些真交子也无法得到及时兑付，交子遭遇巨大的信用危机。民间经常发生与交子有关的诉讼事件，甚至有的地方出现了持有交子者挤兑现金的事件。交子铺难以承受亏损压力，被迫关门歇业，结果造成持交子者"聚众争闹"的结果，交子也因信用降低而贬值。宋真宗天禧四年至五年间（1020—1021年），四川停止发行交子，私人交子退出市场。宋仁宗天圣元年（1023年），垂帘听政的刘太后批准四川地方官员的奏请，决定由朝廷派员在益州设立交子务，依照原来私人交子的规格印造新的官方交子。官交子在防伪和信用方面都优于私人交子，而且其发行和使用都有法律的保障，交子从此具有了政府发行纸质钞票的性质。交子为宋朝的商品经济做出巨大的贡献，交子的发明和使用是世界金融史和商业史上的重大事件。不过"成也萧何，败也萧何"，北宋的官交子使用也并非一帆风顺，北宋末年滥发交子引发的通货膨胀，终于成为压垮王朝经济的最后一根稻草。北宋的灭亡有其政治、军事上的原因，但货币政策的失误也难辞其咎。

蒙古最初并无货币，他们的商品交换还处在比较落后的以物易物阶段。元朝统一中国后，也开始印行纸币。为防止出现宋金末年通货膨胀之弊，制定了相对严密的"钞法"，朝廷有足够的粮食储备来支持纸币的发行。纸币最初币值稳定、公私两便，受到民众的欢迎，在市场上的流通没有任何问题。但到了至正年间（1341—1368年），朝廷腐败、义军四起，政府急需更多的资金支持军费开支，纸币发行逐渐失控，出现严重贬值。原来规定一贯纸钞等同于一千文铜钱，但是市场上根本不可能按照这种比例兑换。1352年的一贯纸钞只能兑换14文铜钱；而且用不了几年，由于"每日印造，不可胜计"，元朝的钞票等同于废纸；1356年被迫停止流通，元朝灭亡的日子也不远了。明清发行纸币虽然有了清晰的前车之鉴，但专制体制下特权阶层们的贪欲是没有尽头的，再加上主事者对信用货币的发行规律和要求不甚了解，通货膨胀的事情时有发生。纸币命运多舛，不过这笔账不应该算到唐宋时期发明纸币的先行者头上，毕竟再好的经，也会被坏和尚念歪。

六、几个与钱有关的故事

本讲的最后按照惯例讲点轻松的内容。中国货币史几乎与中国文化史一样悠久，这当中的确有不少有趣的话题，我们先从几枚据说有着神秘预言功能的钱币说起吧。

不知什么原因，人们似乎确信"事出反常必有妖"，如果货币的样式或钱文出现不同寻常的怪异，必定预示着政治上要有大的动荡。东汉中平三年（186 年）汉灵帝在位时发行了一款五铢钱。这款铜钱的质地很粗糙，现存的不少钱币上有砂眼，说明铜的比例不对、铸造技术也很差。考虑到东汉末年政治混乱、经济崩溃，我们就不去苛责汉灵帝了。铜钱直径 2.5 厘米左右，正面铸有"五铢"二字，这没有问题。钱背面通常是空白的，中间的方形穿孔有郭，称为"穿郭"，钱币的圆形边缘也有郭，叫"外郭"。铜钱的外郭、穿郭都没有问题，问题是这款五铢钱的穿郭四角各拉出一条凸出的直线，搭到钱币外郭上，人们称这四条线为"四出纹"。不知当时的设计者出于何种美学考虑，要在钱的背面加上这四条毫无实用价值的直线。当时的东汉政权危机四伏，民间纷纷传说着钱币的"四出纹"不是什么好兆头，而是"四出破京师"或"京师将破，天子下堂，四道而去"的意思，汉家王朝怕是真的要曲终人散了。历史的奇怪之处在于，汉朝自从发行了这款"四出五铢"后，真的再没过上什么好日子，三年后灵帝驾崩，少帝一上台就天下大乱，董卓废掉少帝，辅佐傀儡汉献帝登上皇位，再往后的历史就是我们所熟悉的《三国演义》里描述的样子了，天下乱成了一锅粥。当时的百姓认为，大概正是这枚"四出五铢"开启了这倒霉的时代。

与"四出五铢"相类似的故事还有一个，那就是明朝崇祯时期发行的一款"崇祯通宝"。崇祯是个倒霉的皇帝,他在位的时候内有张献忠、李自成起义军发展壮大,外有东北满洲人的势力步步紧逼,历史留给崇祯和整个大明王朝的时间都不多了。内忧外患,正是用钱之时,崇祯政权大量铸造钱币,致使铜币的数量剧增,明朝的经济也即将崩溃。就是在这一时期,朝廷发行了一枚奇怪的"崇祯通宝",即在钱币背面穿郭和外郭之间有一匹奔马的形象,人们称这款钱为"跑马崇祯"。在中国古代,铸钱是件很严肃的事情,除非特殊用途的钱币,一般用于流通的钱币上很少出现动物的形象,但是这款铜币上居然有一匹马。"跑马崇祯"一面世,立刻引起了老百姓的议论,跟当年的"四出五铢"一样,人们饶有兴趣地分析这匹飞来之马的意义,很快"一马乱天下"的童谣被四处传唱。更有甚者,有人认为铜钱的穿孔就好比一扇门,门前面一匹马,这两个字组合起来不正是个"闯"字吗?当时"闯王"李自成的势力强大,明朝军队已经控制不了了,现在又有了带"闯"字的钱,这其中的意思不是很明白了吗?虽说这种种猜测都毫无道理,但是用不了多长时间,"闯王"的大军的确一举攻克北京城,崇祯不得已杀了妻女后在煤山上吊自杀。冥冥中他和大明王朝的命运还真的被一枚铸有可爱小马的铜钱所决定了。

大概被这些有着政治谶纬意味的铜钱吓怕了,晚清一塌糊涂的时政让统治者们提心吊胆、越来越不自信了,一旦在钱币上发现什么可能不吉祥的预兆,赶紧设法弥补。清朝光绪十四年(1888年),两广总督张之洞奏请朝廷批准铸造银元。这款银元正面的汉字是"光绪元宝",四个字按上下右左的顺序读,四个字中央位置,就是原来方孔铜钱穿孔的位置,现在新式银元没有穿孔,只是在这中央的位置写了满文版的"光绪元宝"。银元的背面是盘龙的图像,龙嘴下有一颗龙珠。这款银元又称"龙洋"。到了宣统三年(1911年)清政府铸行新款银币,正面四个汉字为"大清银币",相对应的满文不再放到钱币中心，而是移到钱币的上方，像伞一样覆盖着下面的汉字。为什么新款龙洋要做这样的设计呢？原来设计者认为张之洞版龙洋上面的汉字围着满文，似乎把满文包围得死死的，而现在把满文移到上方，突出满族统治者至高无上的地位，寓意其可以继续有效地控制全国。背面的龙纹也做了改动，老版龙洋龙珠在龙嘴的下面，新版的改成龙珠离开龙嘴很远，直接放到了银币的下方，与上方的龙头遥遥相望。设计者的寓意是宣统皇帝能像那条龙控制龙珠一样，收放自如地管好这风雨飘摇的河山。不过新版龙洋一发行，民间又有了新的解释：龙洋正面的满文由中心移到上方，地图的上方是北方，这不正是意味着满族人从哪里来又要到哪里去，他们即将被打回老家东北了吗？至于龙的龙珠落地，更是预示着清帝的皇位不保，这天下即将改朝换代了。钱币谶纬之说虽然历史悠久，但总归都是无稽之谈，不过我们还记得1911年是个什么年份吗？那正是发生辛亥革命、结束中国几千年封建王朝的年份。不管这款龙洋的预示有没有依据，但人们对它的释读却实实在在反映了一种思潮、一种愿望——这个腐朽的清王朝的确该退隐到历史深处了。

　　除了这三个小故事外，货币史上有趣的话题多得很。比如《诗经》时代里那个憨厚的小伙子追求女孩子，他是怎样追求的呢？"氓之蚩蚩，抱布贸丝。"通过农贸市场达成恋爱关系，这种古老的相亲方式在不少民族中流行，如土家族的"女儿节"，就是以赶集的名义举办"相亲大会"，相亲正是在买卖双方的讨价还价中得以达成的。在《诗经》时代古老的爱情往事中，"氓"抱的东西到底是什么？是我们讲过的"空首布""平首布"之类的"布"，还是被用作一般等价物的"布匹"？这可是中国货币史上事关重大的研究论题，到现在也没有定论。还有我们所熟知的"开元通宝"，这种用了几百年的铜币到底叫"开元通宝"还是"开通元宝"？有的"开元通宝"

背面铸有一道弯月纹,人们传说这是唐玄宗的妃子杨玉环的指甲痕,这到底是真的还是假的? 这个问题虽然并不重大,但却十分有趣,也算是货币史上的热门话题。另外还有"周元通宝""罗汉线钱",为何老百姓都觉得这几款钱非常吉祥,甚至有辟邪功能?"太平天国钱"中的"国"为何是个简化字,古代铜币上还没见到几个简化字,洪秀全铸钱的时候到底是怎么想的? 关于钱币的故事有很多,但我们的小册子却很薄,也只能先讲这些了。我们现在金属币用得很少了,就连纸钞也有渐渐退出流通的趋势。网上流行数字货币,听说还有人会用计算机"挖矿"挖出"币"来,这些新鲜玩意儿越来越流行,也是大势所趋。我只希望无论我们的虚拟货币发展到多么先进的水平,大家不要忘了第一个拿兔子交换粮食的人、第一个用贝壳换兔子的人、第一个铸造金属货币的人、第一个发明钞票的人……记住他们,我们才会更确定我们当下的位置,我们前行的路上才会不孤独。

推荐阅读

1. ［英］凯恩斯:《货币论》,商务印书馆 1997 年版。

2. 千家驹、郭彦岗:《中国货币演变史》,上海人民出版社 2014 年版。

3. 吴树国:《民之通货:历代货币流变》,长春出版社 2005 年版。

4. 张有直:《中国实物货币通论》,中国财政经济出版社 2009 年版。

5. ［美］卡比尔·赛加尔著,栾力夫译:《货币简史:从花粉到美元》,中信出版社 2016 年版。

第七讲
"商圣"范蠡的
进退取舍之道

　　笔者给大学生讲西方文化史，每说到希腊与特洛伊的爱琴海争霸战、说到特洛伊木马计时都要感慨一番。我感慨的是，怎样才算是成功的人生？特洛伊的帕里斯王子算吗？他父亲是著名的特洛伊之王，自己再不济也是个有权有势的"王二代"；他拥有足够高的智商和眼光，要不然女神们也不会找他来当"选美大赛"的评委；能获得希腊最美丽女子的青眼，他自己的颜值也绝对不会差。更重要的是，他终于如愿抱得美人归，收获了令世人艳羡的爱情，虽然是通过"私奔"这种不太光明正大的方法。帕里斯集上天的万千宠爱在一身，他算不算拥有了成功的人生了呢？其实他不算。阿伽门农的希腊联军紧跟着漂洋过海打上门来，一场耗时十年，让双方都饱受折磨、疲惫不堪的战争，就在特洛伊城下拉开了大幕。特洛伊城墙外两军对垒、杀声震天，此时特洛伊王宫里那对新婚夫妇如果依然能过得上幸福的爱情生活，那该有两颗多大的心脏啊！即便是担惊受怕的婚姻也长久不了了，一只木马结束了双方十年的缠斗，称霸爱琴海数百年的特洛伊从此烟消云散了。国既破，哪来的家？既无家，又谈什么成功人生？所以说帕里斯再高贵、再聪明、再帅，拐来的妻子再美若天仙也没有用，在我看来，他的人生写满了伤心和失败。

　　每每说到希腊最美的女子海伦，我就想起中国古代最美的女子之一西施。我们形容一个女子长得漂亮，比较高雅、显得特有文化的说法是，夸她有"沉鱼落雁"之容、"闭月羞花"之貌，这里面的"沉鱼"，说的就是西施的典故。西施太漂亮了，那简直是超越性别、超越物种的美啊！大约自汉代开始，人们就相信西施最终嫁给了范蠡。范蠡是春秋晚期著名政治家，曾在吴越争霸的历史舞台上扮演重要的角色，同时也因其成功的经商活动被后世尊为"商圣"。笔者常想，如果要从古代选成功人士的话，那范蠡一定会高票当选。他当过越国的上将军、齐国的国相，算是有权有势；他是春秋晚期的著名大商人，不仅做啥成啥，而且还热衷慈善，多次裸捐救助别人，可谓有钱有义；最重要的是，人们相信他和古代第一美人西施喜结连理，二人夫唱妇随、逍遥于五湖之上。范蠡和帕里斯比起来，那可是云壤之别啊！如果范蠡的人生还不算是成功的人生，那怎样才算是成功的人生呢？

中国古代以农耕为本，过去许多老宅子门前都会挂一块牌匾，上书"耕读传家"四个大字——踏踏实实种地，满足生活的需要，认认真真读书，学学做人的道理，这是大多数古人向往的人生。生产力发展、社会分工的细化，促使商业从其他产业中分离出来，专门从事商品交换的商人阶层出现了。虽然自秦汉以降，商人大多数时间处在比较尴尬的地位，但先秦时期的商业还是颇受统治者重视的，也出现了不少让后世景仰的商人典型，如"弦高犒师"中的弦高、"管鲍之交"中的鲍叔牙、"富而好礼"的子贡等。本讲要说的范蠡，在春秋吴越争霸的历史舞台上，曾经扮演过重要角色。告别政坛之后，范蠡开始从事商业活动，并在较短的时间内获得巨大成功，成为后世商人心目中的典范，甚至被尊称为"商圣"。笔者近年在不同的场合大力鼓吹"上商近道"的理念，认为要成为真正成功的大商人，往往需要具有更为阔大深远的思想境界，让自己的商业活动站在更高的哲学起点上。探究范蠡作为一代大商人的成功之道，了解中国古代大商人的精神世界，探求"上商近道"的哲学内涵及其在商业活动中的呈现，对中华传统商业文化的复兴与传承，有一定的借鉴意义。

一、"待时而动"是大格局

范蠡字少伯，籍贯为"三户邑"。经专家考证，这个所谓的"三户邑"在今湖北省南漳县西北,古代长期属于南阳郡。南阳郡的郡治在宛,即今河南省南阳市,因此也可以说范蠡是南阳人。范蠡"天纵英才"、胸怀大志,他最初希望通过仕途来实现经营天下的人生抱负。按照《越绝书》的说法,范蠡年轻的时候是一个"问题"青少年,虽然很聪明,但却为自己出身低贱而自卑,经常故意穿得破破烂烂,在众人面前装疯卖傻。有一次他看到当地长官文种的车驾经过,竟然蹲在狗洞旁朝着文种学狗叫。文种是一位求贤若渴的官员,他的求才策略很简单——"狂夫多贤士,众贱有君子",大体意思是狂放之辈中不乏大才能者,而众人都看不起的人里面,也往往有道德高尚之人。这条标准比较怪异,但文种却凭着这条标准发现了范蠡。在科举考试还未被人们发明的时代,从大庭广众之中求得贤士并非易事,文种能在茫茫众人中发现范蠡并成功收到门下,不得不说范蠡独特的自我推介行为也起了很大的作用。

根据史料记载,范蠡未出茅庐已知天下大势,他认为天下的"王气"凝聚在吴国,于是说服文种一起到吴国发展。由于吴国已经有了伍子胥这样的贤良人物,入吴不成,范蠡认为"吴越二邦,同气共俗",于是与文种一起到越国任职。范蠡入越时二十多岁,最初十几年并没有得到越王的重用,他曾数次向越王进言,都没有被采纳。即便如此,范蠡坚信自己对吴越形势的判断,他一直在等待一个能够展现自己才能的时机。太平盛世,即使庸才也能做宰相,而乱世中能挽狂澜于既倒者,才是真正的国之栋梁。后来吴越开战,越国兵败,越王勾践被围会稽山。此时勾践身边只有数千残兵败将,越国大厦将倾,范蠡却抓住时机正式走上越国的核心政治舞台,施展自己"挽狂澜于既倒"的政治才能。当时已经走投无路的勾践向范蠡问计,范蠡是这样回应的:

持满者与天,定倾者与人,节事者以地。卑辞厚礼以遗之，不许，而身与之市。

——《史记·越王勾践世家》

这短短的几句话，内涵却十分丰富。前三句是对越国国政的评判，涉及越国的过去、现在和将来。过去是"持满者与天"，"与"，这里是认同、取法的意思。吴越交战前越国国力还算强大，吴国前国王阖闾进攻越国遭到惨败，阖闾本人也因此身亡。这个时候越国国势处在"满"的状态，统治者应该小心谨慎，顺应天意，不胡乱作为。有人认为范蠡的思想具有老子思想的特点，单从这一点看，的确相去不远。第二句是"定倾者与人"，说的是当下的形势。越国风雨飘摇、朝不保夕，此时一定要处理好团队内部关系，只要君臣一体、上下同心，总会战胜当前的困难。第三句"节事者以地"着眼于将来。经历这场大灾难，假若越国还能存续下去，那一定要接受教训，根据自己的实力来判断什么可以做，什么不可以做。

虽然只是简单的三句话，但却对越王勾践的统治生涯做了较完整的概括和预测。这三句话还属于谈政治的层面，现在吴军已经把越王的残兵败将包围在会稽山上，怎样摆脱当下的军事困境才是勾践最关心的。范蠡接下来提了两套应对方案，第一套是"卑辞厚礼"，第二套是"身与之市"。这两套方案的代价是不一样的，第一条即花钱买和平，做出奴颜婢膝的姿态，乞求吴王夫差施恩。勾践马上按第一套方案实施，结果夫差并没有答应勾践的乞求。范蠡的第二套方案是让越王勾践亲自做人质，带着王妃、近臣数百人，一起到吴国去给夫差当牛做马，以此换取夫差退兵。为了确保这套方案的实施，越国还派文种前去吴国疏通关系，贿赂吴国的太宰嚭，并向吴王表现出如果这一要求被拒，越国将与吴国决一死战、玉石俱焚的决心。权衡再三，吴王夫差不顾大臣伍子胥的反对，终于答应了越王的请求。范蠡关键时刻的出谋划策，成功地保全了危在旦夕的越国。

范蠡跟随勾践在吴国度过三年奴隶生涯,等到终于获准返回越国时,他已过不惑之年。在范蠡、文种的辅佐下,返国后的勾践励精图治,越国的实力一天比一天强大。勾践多次欲出兵攻打吴国,一雪当年兵败为奴之耻,但范蠡却总是认为时机不到,坚决反对主动挑起吴越之战。等到范蠡认为攻打吴国各方面的条件都具备了的时候,二十多年已经过去了,他自己也已经年近古稀。一旦认准时机,范蠡快速出手,绝不犹豫迟疑。越国军队迅速攻入吴国,把吴王夫差围困在姑苏宫中。夫差多次派使者前来与越国媾和,这让本打算灭掉吴国的勾践犹豫不决,有意放过夫差。范蠡坚决反对勾践给吴国喘息之机的做法,他说:

> 圣人之功,时为之庸。得时不成,天有还形。天节不远,五年复反,小凶则近,大凶则远。先人有言曰:"伐柯者其则不远。"今君王不断,其忘会稽之事乎?
>
> ——《国语·越语》

范蠡特别强调"时",要做成一件事情,一定要等待合适的时机。时机到了却止步不前,不仅会失去好的机会,而且那些不好的事情会接踵而至。当时越国具备灭掉吴国的实力,实现吴越统一的各方面条件都具备了,如果不抓住时机顺势而为,将来吴越之间依然会纷争不断,到时候不仅越国会再次陷入战乱,吴越两地的老百姓也会跟着倒霉。当年夫差没有灭越,现在反而遭到越国的攻打,这正是活生生的例子。"伐柯者其则不远",原意是用斧子砍木头做个斧柄,要砍什么样的木头,看看手上的斧柄就可以了。范蠡这里是指当年夫差放了勾践,现在到了国破家亡的地步,如今越国放了夫差,那么越国将来的命运会怎样,看看现在的吴国就知道了。道理虽然明了,但是由于吴国不断派使者前来求告,勾践始终下不了灭吴的决心。善于把握"时"的范蠡不等勾践的命令,率军一举攻克王宫、逼死夫差,将吴国从春秋版图上彻底抹掉,使越王勾践成了一方霸主,自己也实现了当年东下吴越时的人生规划。

二、"择时而退"是大智慧

在吴越争霸中功成名就后,范蠡从志得意满的勾践身上敏锐地发现自己继续留在越国的"时"已经不在了。范蠡陪着勾践度过了在吴国那些最尴尬、难堪的奴隶岁月;返回越国后,迫于国势衰微,勾践不得已对范蠡言听计从。现在吴国已灭、霸业已成,勾践隐忍多年的自大、残酷本性也逐渐暴露出来,这对范蠡来说是非常危险的。特别是范蠡不同意与吴国媾和,擅自发兵攻打姑苏宫,也引起勾践的不满。于是战事刚一结束,范蠡就提出辞职。范蠡的辞职遭到勾践拒绝,勾践说:

> 所不掩子之恶,扬子之美者,使其身无终没于越国。子听吾言,与子分国。不听吾言,身死,妻子为戮。
>
> ——《国语·越语》

"身死,妻子为戮",是勾践对范蠡的警告与威胁;"掩子之恶,扬子之美"云云,似乎暗示范蠡在协助勾践筹备灭吴战争的二十多年内,也留下了若干被人非议的话柄。范蠡没有被勾践的威逼利诱吓倒,依然"乘轻舟以浮于五湖",逃离了越国。史书上一面说"莫知其所终极",一面又释放出多条信息,显示范蠡其实并非遁世,而是有了新人生目标——经商。对于一个商人来说，最重要的无非是两件事情，一是资金，二是商机。这两件事范蠡都没忽略，他逃离越国时也为后来的发展做了打算，《史记》这样记载：

（范蠡）乃装其轻宝珠玉，自与其私徒属乘舟浮海以行。

同样的事件，《国语》里的记载是："遂乘轻舟以浮于五湖。"两相比较，笔者认为《史记》更符合当时的情况。"轻宝珠玉"，是范蠡日后经商的启动资金，"其私徒属"，是范蠡的经营团队。资金和团队，再加上善于择时的团队领袖，这正是一个成功企业最基本的构成要素。

范蠡虽然在越国做过"上将军"，但连越王勾践自己都要"卧薪尝胆"，笔者相信范蠡的"轻宝珠玉"不会是一笔十分巨大的财富。资金不多，抵抗市场风险能力差；从越国逃出，行事务求低调，在这种情况下，投资农产品的生产加工是不错的选择。投资农业一定要选好投资地点，让自己的产品具有稀缺性。当时的齐国商业很发达，盐业是它的支柱产业。但齐国土地条件差，特别是滨海地区，农业生产水平落后，经营农产品具有较大的市场发展空间。于是范蠡来到齐国，改名叫"鸱夷子皮"。"鸱夷"是一种皮袋子，有人认为当年伍子胥被杀后，吴王夫差把伍子胥的尸体装进这种袋子扔到江里，范蠡叫这个名字是为了纪念伍子胥，表达自己对伍子胥的愧疚。还有一种说法是吴国被灭后，勾践把西施装到这种袋子里给沉到江里了，范蠡起这个名字，是为了纪念西施。其实这些说法都没有什么确实的证据。范蠡在齐国滨海地区搞起了农业生产，《史记》记载：

（范蠡）耕于海畔，苦身勠力，父子治产。居无几何，致产数十万。

"耕于海畔",指明范蠡及其团队所从事产业的类型及地点，"父子治产"，意思是范蠡与自己的儿子从事与农业相关的经营活动。没过多少年，范蠡就发家致富，资产多达数十万。如此巨大的利润，单靠范蠡父子是不可能做到的，他必定有自己的团队，应该就是司马迁《史记》中所说的"徒属"。另外，我们也有理由相信，范蠡进行的是多样化经营，极有可能利用了齐国的鱼盐之利，实现财富快速积累。同时他在养殖业上也可能取得过较大的成功。后世有多部介绍养殖技术的书籍归于他的名下，如《养鱼经》《陶朱公养鱼经》《陶朱公养鱼法》等。虽然这些书籍在民间流传千百年，其最初来源不清楚，但人们总喜欢把这些养殖技术和范蠡联系起来，反映出范蠡在这方面或许有所成就。范蠡在齐国致富，引起了齐国国君的关注，齐王聘请他担任齐相。范蠡认为"居家则致千金，居官则至卿相，此布衣之极也。久受尊名，不祥"，在齐国继续待下去的"时"不具备了，于是散尽家产，"怀其重宝，间行以去"，带着自己的团队另谋出路。

范蠡的两次"择时而退"，引起了司马迁的感叹，他在《史记·田叔列传》里写道：

> 月满则亏，物盛则衰，天地之常也。知进而不知退，久乘富贵，祸积为祟。故范蠡之去越，辞不受官位，名传后世，万岁不忘，岂可及哉！

离开齐国后，范蠡找到了陶这个地方，认为陶地"天下之中，交易有无之路通，为生可以致富矣"（《史记·越王勾践世家》）。据专家考证，这个陶就是现在的山东省定陶附近。范蠡选择陶为经商之地，从海边的农场主转变成通都大邑的商人，并且起了一个新的名字——陶朱公。

三、"上商近道"是大境界

范蠡在陶经商活动非常成功，十九年中"三致千金"。范蠡做生意诚信、公道，民间甚至传说他发明了十六进位制的杆秤，保证了买卖公平。史书上说范蠡在陶地"候时转物，逐什一之利"，"什一之利"的盈利率对于从事营销的企业来说并不高，远远谈不上暴利。范蠡是靠什么"商道"取得商业上的巨大成功的呢？

范蠡商道的第一个要素是善于"候时"，范蠡对"时"的认识已经上升到哲学高度。"时"的内涵比较丰富，包括时间和事件两方面的内容，它强调的是只有在合适的时间去做合适的事情，才更容易获得成功。寻找、把握"时"，可以说是成功商人最基本、最必要的素质。与后世的许多商人在生意场上练就一身善于捕捉"时"的本领不同，范蠡先是在吴越争霸中实践了对"时"的把握与运用，然后才转而应用到商业经营上。在具体的经营活动中，范蠡最主要的致富手段就是"候时转物"，根据不同的时机，买进卖出。"什一之利"的利润率虽然并不高，但是由于时机把握准确，范蠡依然能够在十几年内，数次积累起巨量财富。如何实现"候时转物"呢？其实可以用八个字来形象地说明，即所谓的"旱则资舟，水则资车"。据《史记》记载，此为越王勾践另一重要谋臣计然所言。关于计然其人之有无、具体身份如何，学界争论多年。笔者认为，即便此处所云为计然之策，也为范蠡所认同和践行，并不影响我们对范蠡商业哲学思想的探析。这八个字隐含的是对宇宙运行规律的体认和思考。按照范蠡的理论，水旱交替、消息盈亏是天道运行之必然,这种运行规律反映到商品价格上,即所谓"贵上极则反贱,贱下极则反贵"。商品价格升高,总会引起生产、供应环节的变化,等这种变化达到极值,价格拐点就形成了;同样道理,商品价格低到一定程度,也会引起市场供求关系的改变,最终反过来影响价格走向。范蠡"候时转物",就是等待这样的时机,根据市场价格的长时段变化趋势进行商品买进和卖出活动。

第二,是把握"时"的能力。一旦做出决策,行动必须果断。范蠡认为,"从时者,犹救火、追亡人也,蹶而趋之,惟恐弗及"(《国语·越语》)。机会稍纵即逝,决策者必须在"时"出现之际立刻付诸行动,不能犹豫不决。就好像去救火,或者去追逃跑的坏人,就算是摔倒了也得立刻爬起来继续往前奔跑,以免耽误大事。"转物"的要点在于进出两方面时机的把握,成功"转进"只是取得最佳利润的基本条件,适时"转出"才是利润兑现的关键步骤。欲望是没有止境的,只要不忘初心、守住底线,达到自己预期的利润率即可,而不能让市场上的一些突发波动影响了自己的决策。范蠡强调做生意要"贵出如粪土,贱取如珠玉",能够把握好"贱取"和"贵出",求利但不贪图过高利润,常抱"楚人失之、楚人得之"的心态,这才是真正的"上商"境界。人生经验和商场经验其实是一致的,一进一退、一取一出之间,道尽千古之人生大哲理,范蠡能够在官场和商场都获得成功,确非凭空而得。

第三,选择合适的经营地点对商业经营活动的成功至关重要。范蠡在越国功成名就,打算转入商业经营领域的时候,在选择经商地址方面颇为用心。齐国滨海地区土地贫瘠,粮食产量低;但是齐国自古有鱼盐之利,渔业养殖利润非常可观,范蠡选择在此从事农产品经营活动是明智的。范蠡在齐国的成功引起了官方的注意,要继续以自己喜欢的方式生活,则必须另外选择经商之地。从中原文化的角度来看,陶处在天下的中心位置,本身又是曹国的都会,靠近黄河,地处济水、洛水的交汇点,各地丰富的物产均汇集于此,是四通八达的风水宝地、做生意的上佳之选。范蠡选择此地,也很适合从事"候时转物"的经营活动。上商之道,天时、地利、人和,缺一不可。

第四,重利更重义,不忘回馈社会。范蠡在齐国经商成功,离开齐国时"尽散其财,以分与知友乡党";在陶地逐"什一之利","十九年之中三致千金,再分散与贫交疏昆弟"。范蠡经商的二十几年,共有四次巨富、三次散金的经历。从范蠡回馈社会的行为中,我们可以确认这样一个事实,即被称为中国"商圣"的范蠡,凭借自己的智慧去追逐财富,但财富其实并不是他的最终目的;正如他凭着自己的政治军事才能辅助勾践灭吴一样,灭吴霸越的结果也同样不是他的人生目的。那范蠡追求的是什么? 笔者认为是在回馈于社会的过程中,实现自己的人生价值。上善如水、"上商近道",对财富的追逐是没有尽头的,只有知进知止、知取知予,才能体悟真正的"商道"。心中常怀给予之心,在经营过程中会更多地保持清醒的头脑,不被一时一地的利益所蒙蔽,也更容易获得长远的利益。范蠡散的是财富,但他展示的却是一颗对待财富的平常心。在商而不耽溺于商,求利却不蝇营于利,这才是真正的"上商近道"。

范蠡名列道教四大"财神"之一,道藏《列仙传》说他是姜太公的学生,葛洪《神仙传》说他是老子的化身,应劭《风俗通义》甚至认为东方朔是范蠡后身。千百年来,民间还流传不少范蠡经商的传说,如推销鲁缟、贩马双赢等,制盐、制陶等行业,甚至把范蠡奉为行业保护神。这些民间传说反映了人们对范蠡的喜爱,以及对其经营之术的推崇与想象。笔者认为,对中国古代大商人的研究,不能仅仅停留在演绎传说和经商技术探讨的层次,应加强商业思想史方面的研究,从"上商近道"的层面探求古代大商人的精神世界和经营之道,发扬和传承中国古代商业文化。

推荐阅读

1. 刘向辑录：《战国策》，上海古籍出版社 1985 年版。

2. 张仲清校注：《越绝书校注》，国家图书馆出版社 2009 年版。

3. 邬国义等译注：《国语译注》，上海古籍出版社 1997 年版。

4. 崔冶译注：《吴越春秋》，中华书局 2019 年版。

5. 李强：《红尘匹马长安道：中国商人往事》，人民文学出版社 2016 年版。

第八讲
"诗仙"李白笔下的
大唐商业

宋真宗有一天突发奇想,问大臣唐代的酒价如何。大臣们你看看我、我看看你,谁都说不清楚。这时候宰相丁谓站出来回答,一斗酒三百个铜钱。真宗就问丁谓,你怎么知道是这个价格呢?丁谓说,杜甫的诗中写道:"速宜相就饮一斗,恰有三百青铜钱。"这不是说得清清楚楚吗?一斗酒,三百钱,不会错的。杜甫诗歌以写实著称,人们甚至称其为一代"诗史",他诗中说的价格应该与唐代酒类的市场价格相去不远。

以诗证史,通过古人的诗歌,寻找当时社会的各种信息,这种做法在史学界颇为流行。我们这一讲,正是想借唐代大诗人李白的诗歌,探寻唐代商业发展的几个面相,这应该是比较有趣的阅读体验。

李白的出身是一个谜,他将自己的远祖追溯到汉代的"飞将军"李广,不过他自己的祖父却没有在历史上留下任何痕迹;他的父亲虽然成功地培养出李白这样的天才诗人,但自己却连个名字也未曾留下。李白的诗歌不能告诉我们他神秘的家世背景——几乎所有的线索都被小心地隐藏起来,但那些锦绣诗句却将大唐王朝的商业盛况毫发毕现地描绘下来。他像一个高明的"直播主持",既对大唐酒店餐饮业做了热情的介绍,也对大唐商人家庭生活做了深入报道;既对歌舞娱乐业做了大力推介,也对自己的消费体验做了详细描述。如果想穿越到大唐王朝去享受一下当时世界上最美好的城市生活,那么李白一定是个好导游。

李白（701—762 年），字太白，号青莲居士，唐代大诗人，后人尊称其为"诗仙"。他生于碎叶城（今吉尔吉斯共和国托克马克附近），五岁左右，跟随父亲迁至四川绵州昌隆县清廉乡（今四川省江油市）。父亲李客在西域有经商经历，迁到四川后颇富资产，青少年时期的李白因此有机会拜访名师、饱读诗书。也正是由于富商之家出身，青年李白出川时才有实力携带大量钱财或贵重物品，声称自己在扬州一年之内"散金三十余万"。李白文学风格、思想倾向与唐朝普通文人士子并不相同，体现出独特的"谪仙人"风格，对后世产生巨大影响。笔者几年前受邀撰写《李白传》一书，为此曾反复研读李白诗集，对其作品中偶留指爪的唐代商业盛况颇有会意之处。这一讲，权作为中国商业文化史之个案研究，以期能由李白的诗歌吟咏，管窥大唐王朝繁华的商业图景。

一、"酒肆"与"胡姬"

"李白斗酒诗百篇"，在古代诗人中，李白大概是与酒关系最为密切者——流传至今的一千多首诗歌，有二百次以上提到"酒"，平均每四五首诗就要写到一次"酒"字。我们甚至可以说，没有美酒这一事物，就不会有"诗仙"李白，自然也不会有那么多美妙的诗句流传人间。

喝酒需要合适的场所。除了"花间一壶酒，独酌无相亲"这样的自斟自饮、"开琼筵以坐花,飞羽觞而醉月"这样的家族会饮之外,李白诗中多次提到在酒楼或酒肆中饮酒。酒楼、酒肆是指由餐饮业者提供的消费场所,唐人诗文中并不刻意区别二者,正如他们很少认真区别"商"与"贾"一样。李白诗歌提到的酒楼,多能向消费者提供专业音乐、歌舞表演。唐人诗歌中写到酒楼,也往往喜欢提到"笛声",看来酒楼与音乐似有某种天然的联系。规模相对大的酒楼,总是伴随着经济水平提高、服务业兴盛才能逐步出现。笔者小时候生活的山区小城,整座城中只有几家小"酒铺"和一家稍大点的国营饭馆,从未听说过"酒店""酒楼"。随着改革开放、旧城改造,老家如今到处可见规模较大的酒店,甚至号称五星级的酒店也有了数家,古今大约一理。李白诗歌中提到"酒肆"时,规模似乎并不大,也未写到相应的文艺表演服务。我们一起来读读这首著名的《金陵酒肆留别》(《李太白全集校注》卷第十二):

> 风吹柳花满店香,吴姬压酒唤客尝。
> 金陵子弟来相送,欲行不行各尽觞。
> 请君试问东流水,别意与之谁短长。

这是一首饯别名篇,饯别地点在"金陵酒肆"。此诗的写作时间为开元十四年(726年)。李白初游金陵后即将前往广陵,留此诗赠给金陵青年朋友。诗中并没写到酒店方面提供的歌舞演唱表演,倒是有一个"吴姬压酒"场景。"压酒",是米酒酿制的一道工序,即将酿熟的米酒盛于布囊中,然后用重物压之,以此过滤掉酒中的渣滓。这看起来是个体力活,但由江南少女来做,则更多了广告招徕意味,与西汉卓文君当垆卖酒性质差不多,都是以自己的美貌作为营销手段,吸引顾客来酒店消费。这种美酒加美人的营销方式千古不衰,当今请影视明星做广告卖酒、卖车自是与之同理。

酒店聘请卖酒女郎以提升销售量,这种古老的营销方式无甚新奇,倒是李白与朋友饮酒送别的地点值得关注——他们是在酒肆之中饯别的。古人送别可以"帐饮""船饮",郊外也有旅店、驿亭可供"祖饯"。唐宋时期也一直保留着这种旅行风俗,如李白"五月金陵西,祖余白下亭"(《留别金陵诸公》),送别的地方是在金陵城东门外驿亭;《送韩准裴政孔巢父还山》中的"今晨鲁东门,帐饮与君别",则是"帐饮"饯别;宋代柳永《雨霖铃》"都门帐饮无绪,留恋处,兰舟催发",也是在城门外"帐饮";白居易"浔阳江头夜送客""主人下马客在船",是就船相送;欧阳修因支持范仲淹而被贬出京城,也是在城外的船上接待来送行的朋友。上举数例饯行地点往往是靠近城门之处,这也是古来的送别传统。盛唐时期餐饮业兴盛,酒肆多开设于城区客流密集处。至迟到李白的时代,虽然古老的送别习俗依然存在,但在城区"酒肆"内举行送别酒宴,已并非新奇之事。这种新消费方式之兴起,应与当时服务行业的发达密切相关。

江南酒肆是如此风俗,中原地区的酒肆又是怎样的业态呢?李白《少年行二首》其二(《李太白全集校注》卷第四):

> 五陵年少金市东,银鞍白马度春风。
> 落花踏尽游何处? 笑入胡姬酒肆中。

唐代丝绸之路重新打通,不少西域商人到当时的长安、扬州等地做生意,从事酒店餐饮业是他们比较喜欢的选择。长安的胡人酒肆多开设在西市和从春明门到曲江池一带,所卖的西域名酒颇受消费者青睐。这首《少年行》表现的正是长安贵族青年的生活场景。春风细细,花香袅袅,游春归来,人困马乏,这些意气风发的青年正要寻一饮酒休闲的去处,去哪里呢? 胡人开设的酒肆成为最佳选择。李白在《前有一樽酒行二首》之二中写道:"胡姬貌如花,当垆笑春风。"在"貌如花""笑春风"的广告招徕效应下,"五陵年少"自然难以抵挡诱惑。"笑入胡姬酒肆中",可见这些消费者们的消费体验是愉快的,酒肆所提供的服务也是周到的。

我们再看看李白诗中的"酒楼"。《猛虎行》(《李太白全集校注》卷第四)中有这样四句:

> 溧阳酒楼三月春,杨花漠漠愁杀人。
> 胡人绿眼吹玉笛,吴歌白纻飞梁尘。

溧阳酒楼里既有少年胡人的乐器演奏,也有江南女子的曼妙歌舞,似乎是有一定规模的团队表演,不同于酒肆胡姬"招素手""舞罗衣"。《玩月金陵城西孙楚酒楼达曙歌吹日晚乘醉着紫绮裘乌纱巾与酒客数人棹歌秦淮往石头访崔四侍御》中的"孙楚楼",即金陵著名酒楼,诗中写道"朝沽金陵酒,歌吹孙楚楼",可见此楼也有歌唱、音乐表演。诗中还有"半道逢吴姬,卷帘出揶揄"这样的句子,显示在喝酒消费的过程中,酒客与女性服务人员"吴姬"有调笑行为,不过毕竟"歌吹"表演才是孙楚楼的特色。

音乐表演也会出现在当地长官举办的宴会上,如《醉后赠王历阳》(《李太白全集校注》卷第九):

> 书秃千兔豪,诗裁两牛腰。
> 笔踪起龙虎,舞袖拂云霄。
> 双歌二胡姬,更奏远清朝。
> 举酒挑朔雪,从君不相饶。

李白这首诗写给一位姓王的历阳(历阳,今安徽和县)县令,诗中夸赞了王县令书法精美、诗艺高超,也夸赞了"二胡姬"的歌唱表演。县令出面举办的宴会或有官妓、乐工助兴，且多半不会在酒肆这样的公开经营场所举办。此诗中提到的"胡姬"应非官府编制内的文艺工作者，更像是专门提供歌舞服务的专业团队。如果的确如此，则当时音乐歌舞服务已走出依附酒店的地位，形成新的产业形式，这倒是一个值得注意的消费新趋向。

二、"葡萄酒""玉壶"及其他

胡人开的酒店在唐朝大受消费者的欢迎，不仅仅因为有"美如花"的胡姬卖力推销，更重要的是产品质量上乘。当时胡人酒店售卖产自高昌的葡萄酒、产自波斯的"三勒浆"酒，还有所谓的"龙膏"酒等。这些来自异域的美酒，给消费者提供了全新的口感体验，成为唐朝酒水市场上的新宠。其中葡萄酒尤其得到唐朝消费者的青睐。

葡萄酒本是随着西汉丝绸之路打通而进入中国的，进入时间虽然较长，但在唐代以前并没有成为中原王朝酒水消费的重要角色，特别是丝路出现堵塞时，普通酒店更是难得一见此物。葡萄酒较大规模地进入中国必须满足两个条件，一是西部商路的畅通，保证酒类的物流运输；二是拥有相对成熟的消费市场。这两点在唐代得到满足。初盛唐政治稳定、经济繁荣，服务业发达，文化娱乐生活十分丰富，培育了巨大的葡萄酒消费群。唐人诗歌中经常提到葡萄酒，初唐王翰的"葡萄美酒夜光杯，欲饮琵琶马上催"（《凉州词》），更是成为咏葡萄酒的千古名句。李白出川游吴越时，曾在诗中写下自己的见闻："蒲萄酒，金叵罗，吴姬十五细马驮。"（《对酒》）"吴姬"云云，可见酒店并非胡人开设，但却能供应葡萄酒，使用高贵的金制酒器。葡萄自汉代传入中国后，最初只是在皇宫种植，到了隋唐时期，各地已多有西域品种的葡萄种植。李白《将游衡岳过汉阳双松亭留别族弟浮屠谈皓》一诗创作于乾元二年(759年)秋天,当时他正打算从汉阳、江夏出发,南游衡阳、潇湘,诗中写道:"忆我初来时,蒲萄开景风。今兹大火落,秋叶黄梧桐。"以葡萄的生长期来标记时令变化,说明葡萄种植早已介入普通百姓的日常生活。

唐朝普通民众已经种植葡萄,这应该是没有问题的,帝国境内从南到北都能喝上葡萄酒亦无疑义。让笔者感兴趣的问题是,当时的大唐王朝是否已具备规模酿造葡萄酒的能力?唐代民间酿酒业很发达,唐初朝廷也允许民间私酿,各地往往都有自己的名特产品,李白诗中有数处提到美酒的品牌名称和饮用体验。葡萄酒酿造技术最早由欧洲传至西域,其法与中原传统酿酒工艺不同。丝绸之路自汉代开通后,葡萄和美酒可以由此进入中国,但因消费市场准备不足,并未见葡萄酒作坊的引入。唐朝酒店业发达,不少酒店能为消费者提供葡萄酒,如果仅靠丝绸之路进口成品,当时的物流能力难以支撑庞大的市场需求。此时葡萄种植也不是什么稀罕事,制造葡萄酒的原料并不缺乏。如此看来,葡萄酒酿制作坊的出现应该是符合市场逻辑的。据《南部新书》卷丙记载:"太宗破高昌,收马乳葡桃种于苑。并得酒法,仍自损益之,造酒成绿色,芳香酷烈,味兼醍醐,长安始识其味也。"这次大破高昌发生在640年,唐军主帅是颇受传奇故事偏爱的一代名将李靖。此年中原王朝通过战争手段,不仅得到了西域优质的葡萄品种,还引进了葡萄酒酿造方法,并对之加以改造,酿制出独具大唐特色的绿葡萄酒。近百年后的开元二十二年(734年),李白在《襄阳歌》中有一段这样写道(《李太白全集校注》卷第五):

百年三万六千日,一日须倾三百杯。

遥看汉水鸭头绿,恰似葡萄初酦醅。

此江若变作春酒，垒曲便筑糟丘台。

从一个醉鬼诗人眼中看去，那浩浩汤汤的汉水，好像刚刚发酵出来的葡萄酒一样。这种新奇的比喻，颇具"谪仙人"诗风特色。《襄阳歌》中的诗句显示，人们对葡萄酒的制作工序比较了解，百余年前由朝廷率先实验并获得成功的葡萄酒酿造法，到了李白的时代已在民间普及，酿造葡萄美酒应该不是罕见的事情，只是尚不知此类酒坊规模如何、是否亦由"胡人"开办等。葡萄不耐储藏，在冷链物流运输不发达的情形下，如果有较大规模的葡萄酒制作工坊，必定会要求原料就近供应，如此则葡萄种植规模会进一步扩大。因此，笔者推断，随着葡萄酒的逐渐普及，葡萄也会成为唐朝重要的经济作物，在果品市场上所占的份额会越来越重，对唐朝人日常的果品消费结构产生一定的影响。

李白诗中多次提到"沽酒"，可见唐代的酒肆不仅招待客人在店中饮酒，也向客人提供外带服务。既然可外带，必定要有合适的酒器，唐人打酒喜欢用什么酒器呢？ 李白诗中多次出现的是"玉壶"，有时候也称"玉瓶"。所谓"玉壶"，字面意思是用玉雕琢而成的壶。中国产的玉多属于软玉系列，雕琢成"玉壶"理论上是可能的。但用玉雕琢成可以用来盛酒的壶或瓶，玉石体量较大，加工非常耗费工力，且价格也必然不菲，这种理论上的"玉壶"并不适合作为"沽酒"的实用器具。宋元以降的确有体量较大的玉执壶存世，但并非民间常用之物，笔者阅读视野有限，尚未见到唐代大型玉制酒器实物。李白诗歌中提到"玉壶"是白色的——"披君貂襜褕，对君白玉壶"（《秋浦清溪雪夜对酒客有唱山鹧鸪者》），而且此壶要系上"青丝"以供提携——"玉壶系青丝，沽酒来何迟"（《待酒不至》）。其形制应与古代"双耳壶"类似，有双耳可供丝绳缠绕，与执壶样式不同。"玉壶"这一意象在唐人诗歌中大量出现，不同语境中意思并不相同,不过李白笔下写到与盛酒器具有关的"玉壶",应该是白瓷瓶的美称。陶瓷业在唐代非常发达,民间瓷窑遍布河南、河北、江西、江浙等地,其中河北邢州所产的白瓷,质量上乘、供应充足,产品畅销全国。蜀地邛州大邑所产的白瓷,也是当时的知名产品。这些名窑可烧制杯、盘、碗、碟等各种日常瓷器,也生产壶、瓶、罐等可用来盛酒的器具。以"玉"喻瓷,亦为唐人习见,李白把白瓷酒壶称为"玉壶",并非是特别新奇的比喻。另外还有一种可能,即此"玉壶"是来自西域的玻璃制品。玻璃早在汉代就已传入中国,最初曾被视为极其珍贵之物,后来随着进口数量的增多,价格逐渐回归理性。玻璃虽然透明精美,但怕高温、易破碎,实在比不上瓷器更为实用,价格又远高于瓷器,故渐渐被市场淘汰。不过,随着丝绸之路在唐代重新开通,玻璃这样的西域产品再次进入中原,接受中国消费者的市场选择,这也不是不可能的事情,可惜目前尚未见到考古材料证据。

李白沽酒使用何种货币也是一个有趣的话题。唐朝通行钱币是"开元通宝",这是唐高祖李渊在位时开始发行的法定货币;整个唐朝除了两次短暂、失败的货币改革外,大部分时间都使用"开元通宝"。李白"东游维扬,不逾一年,散金三十余万"(《上安州裴长史书》),一年散金三十余万,如此巨大的数额必定以"钱"为计量单位。三十余万钱大约两三千斤重,不可能随身携带。有学者认为李白文章中"三十余万"的说法是出于诗人的夸张,正如他诗中"白发三千丈""飞流直下三千尺""桃花潭水深千尺"之类,实际上绝无可能真的有那么长、那么高、那么深。对这一问题,笔者的看法是,诗人虽然好为大言,这也是诗歌的魅力所在,但是古人的书信毕竟不是诗歌,通常是比较靠谱的,特别是那些写给官长的自荐信,更不宜夸张过甚,那样会干扰信息传递的有效性。就算是李白在书信中夸张了,甚至夸张了十倍,他其实只是一年花掉了"三万钱",

那也要有两三百斤的重量。李白仗剑远游,携带着几百斤的铜钱一定十分不便。李白的时代,绢与其他布匹也可以与铜钱一样流通,但三十余万钱的绢,其体量更是巨大。因此,这"三十余万"的确是个问题,或许其中包括金银、玉器,以及随身携带贵重物品的等价换算。李白诗中说"天生我材必有用,千金散尽还复来"(《将进酒》),此处"千金"的计量单位则应是黄金而不是铜钱,否则散掉一千枚"开元通宝",这点钱怎能显出李白的豪迈气魄? 黄金属于贵金属,并非唐朝的法定货币,李白此处表达的只是一种旷达酒脱情怀,并非真的拥有随手散掉"千金"的能力。中国历来贫铜,钱币铸造数量难以满足经济发展需要,市面上缺"钱"的事情经常发生,唐朝更是如此。唐朝铸钱量的最高纪录在唐玄宗天宝年间,每年铸三十二万七千缗,但此记录与北宋神宗时每年五百多万贯的记录相比,差距还是非常大的。正是由于钱币缺乏的原因,唐朝市场上"钱货交易"和"物物交易"两种方式会同时存在。李白的诗中多次提到用物品来沽酒,比如《将进酒》"五花马,千金裘,呼儿将出换美酒",声称用良马与奢侈皮衣换酒;《金陵江上遇蓬池隐者》"解我紫绮裘,且换金陵酒",用"紫绮裘"换酒的交易行为已然达成;《醉后赠从甥高镇》"匣中盘剑装鱼,闲在腰间未用渠。且将换酒与君醉,醉归托宿吴专诸",用宝剑换酒;《对酒忆贺监二首》其一"金龟换酒处,却忆泪沾巾",贺知章换酒用的是随身贵重物品。这种消费方式虽然可能是诗人着意表达一种豪放情怀,但也确实反映了唐朝特有的商业史、货币史发展背景。

到了宋朝,用"五花马""千金裘"换酒的成功概率很低,一般的酒店经营者更喜欢用现钱交易,并不愿接受实物交换,其他商品交易也往往如此。一代词女李清照与赵明诚刚结为夫妻时,身无长物,又特别喜欢去京城大相国寺的古董市场淘宝,那他们该怎么办呢? 他们把暂时穿不上的衣物送到当铺典当,然后再拿着典当来的钱去大相国寺"血拼"。古人生活的一个小细节,深刻反映了唐宋商业不同的发展水平。

三、商人少妇的情感世界

唐代商人阶层虽然逐渐壮大,但我们还是很难听到他们发出的声音。自秦汉以来形成的"轻商"观念根深蒂固,普通人多对商人怀有歧视与偏见,很少在诗歌这样的传统文学体裁中关注商人及其家庭生活。李白的家世出身和教育经历与普通文人不同,他对商人精神世界的关切,也迥异于同期文人。我们先来看看他直接写到商人的《估客乐》(《李太白全集校注》卷第五),了解一下他对商人的基本态度:

> 海客乘天风,将船远行役。
> 譬如云中鸟,一去无踪迹。

《估客乐》是乐府旧题,乃齐武帝追忆自己当年的布衣往事而作。李白这首《估客乐》再现了长途贩运商人出海经商的情景。全诗二十字,诗风洗练、质朴无华,表面上只是客观描述,实际上却颇似"春秋笔法",字里行间浸透着作者的关切情感。乘不可知之"天风"远行,家人长久得不到消息,个中苦辛不言而喻。此诗虽然用乐府旧题表达,保持了古老的"闺怨"传统,但读起来更像一首为"估客"代言的诗歌。唐人有数首《估客乐》,张籍的《估客乐》传播甚广(《张籍集系年校注》卷一),我们可与李白的诗稍做比较:

> 金陵向西贾客多,船中生长乐风波。欲发移船近江口,船

头祭神各浇酒。停杯共说远行期,入蜀经蛮谁别离。金多众中为上客,夜来算缗眠独迟。秋江初月猩猩语,孤帆夜发潇湘渚。水工持楫防暗滩,直过山边及前侣。年年逐利西复东,姓名不在县籍中。农夫税多长辛苦,弃业长为贩宝翁。

张籍的诗中虽然也描述了商人奔波的辛苦,但作者更像一个置身事外的旁观者,并没有过多关切情感投射。"夜来算缗眠独迟""年年逐利西复东"云云,更是凸显了商人的"重利"形象。全诗最后两句将农人流失的责任算到商人头上,表达了作者对商人的批判态度。

元稹的《估客乐》则用夸张、漫画的笔法,描绘了商人的无耻嘴脸。其大意是,商人靠投机取巧、坑蒙拐骗获利,然后又官商勾结、为富不仁。作者最后更是指出:"生为估客乐,判尔乐一生。尔又生两子,钱刀何岁平?"(《元稹集》卷第二十三)商人不仅此生快乐无穷,有了儿子后,还能将这快乐一代代地传承下去。通篇嘲讽、批判,反映了文人阶层对商人的鄙视与痛恨。年代略晚于李白的张籍和元稹,其商业思想陈旧狭隘,对商人抱有偏见,远远不及李白更具博大的人文情怀。

我们再来看看李白两首写商人妇的乐府诗——《长干行》和《江夏行》。其中《长干行》是乐府旧题,当作于开元十三至十四年(725—726年),李白出川后初游金陵时。《长干行》古题多写船家女的生活,李白的《长干行》在思想内容上有新的突破,从长干小儿女的"青梅竹马"写起,用细致的笔触描摹了商人妇的婚恋生活和情感经历(《李太白全集校注》卷第三):

妾发初覆额,折花门前剧。郎骑竹马来,绕床弄青梅。同居长干里,两小无嫌猜。十四为君妇,羞颜未尝开。低头向暗壁,千唤不一回。十五始展眉,愿同尘与灰。常存抱柱信,岂上望夫台。十六君远行,瞿塘滟滪堆。五月不可触,猿声天上哀。门前迟行迹,一一生绿苔。苔深不能扫,落叶秋风早。八月胡蝶来,双飞西园草。感此伤妾心,坐愁红颜老。早晚下三巴,预将书报家。相迎不道远,直至长风沙。

此诗哀而不伤、怨而不怒,深得古诗之旨,亦颇具江南吴越女子特有的温柔秉性。主人公与丈夫两小无猜,十四岁时与丈夫结成百年之好,本打算相濡以沫、相携相挽,从此过上幸福的婚姻生活,但却遭遇"岂上望夫台"命运。而作为商人的丈夫也有自己的宿命,他既然选择了经商,就不得不承受与新婚妻子难以长相守的情感压力,独自面对商旅途中的诸般风险,把担忧和相思留给家中的妻子。此诗有情境、有细节、有动作、有心理,可谓李白诗中的佳作。诗中刻画的商人妻子形象,在中国文学史上产生深远的影响。李白创作这首诗时,已然完全浸入商人的情感世界,感同身受他们的孤独与伤痛、幸福与忧愁,这是唐朝一般文人所难能做到的。与《长干行》相类,白居易的《琵琶行》也写商人之妻,但从反映社会生活的广度和深度而言,尚不能与《长干行》相媲美。从人物形象塑造的角度来看,《琵琶行》里的商人妇只是失意文人的自我投射,并不具典型意义,而《长干行》的商人少妇形象,则为我们打开了一扇观察、了解唐代商人情感世界的窗子。

《江夏行》是李白自创的乐府新题,当作于开元十六年(728年)游江夏时。李白在此诗中换了一种全新表现手法,主人公不像《长干行》中那样的温温婉婉、吴侬软语,而是性格如火、情感炙热(《李太白全集校注》卷第六):

忆昔娇小姿,春心亦自持。为言嫁夫婿,得免长相思。谁知嫁商贾,令人却愁苦。自从为夫妻,何曾在乡土。去年下扬州,相送黄鹤楼。眼看帆去远,心逐江水流。只言期一载,谁谓历三秋。使妾肠欲断,恨君情悠悠。东家西舍同时发,北去南来不逾月。未知行李游何方?作个音书能断绝。适来往南浦,欲问西江船。正见当垆女,红妆二八年。一种为人妻,独自多悲凄。对镜便垂泪,逢人只欲啼。不如轻薄儿,旦暮长相随。悔作商人妇,青春长别离。如今正好同欢乐,君去容华谁得知。

作此诗时,李白已出川三年多,得山水民风之助,再加上广结文友、切磋诗艺,特别是在湖北邂逅了诗人孟浩然,其诗风更加成熟,作品整体水准明显高于出川前。这首《江夏行》亦秉承闺怨传统,但风格与《长干行》完全不同。诗中的商人少妇深爱自己的丈夫,因丈夫误了归期而"恨君情悠悠"。这种"情悠悠"的恨并非普通怨恨,只是一种闺中反语罢了。诗歌接下来的描述极具现场感,娇憨、率真的少妇性格跃然纸上。妻子在埋怨丈夫,同时出发的邻居不到一个月就回家了,为什么你却这么长时间没有消息?你到底漂流到何方,为什么不能写一封家书告知行踪?一番殷殷深情,都在这几句埋怨之中。商人少妇忍不住到江边问问过往的商船,探听丈夫的消息,却无意中看到在酒肆门口招徕顾客的红妆酒家女,立刻勾起自己心中的伤痛:我和酒家女年纪相仿,也都是嫁给了商人做妻子,可我为什么这么命苦,一个人独守空房?"不如轻薄儿,旦暮长相随。悔作商人妇,青春长别离",这接下来数句依然是主人公的气话,但正因为是气话,才更见情感之深,也更深刻地反映了商人家庭生活的艰辛。同是商人之妇的牢骚语,这几句话所体现的情感取向,与《琵琶行》中"商人重利轻别离,前月浮梁买茶去"有着深刻的不同。全诗以"如今正好同欢乐,君去容华谁得知"收束,更道出了商人家庭普遍的悲辛。虽然《江夏行》语言风格、主人公形象均异于《长干行》,但这两首诗从不同的角度表现了商人妻子情感世界和家庭生活的悲辛,可谓古代商人题材诗歌的"双璧"。

李白有一千多首诗歌流传于世,其中不少诗歌提到酒和与之相关的消费行为,也有数首诗代商人家庭发声,写出了商人之家特有的情感生活。从商业史、商业文化的角度阅读欣赏这些诗歌,诗史互证,对我们更深刻了解唐代的社会历史、民俗风情颇有裨益。笔者对李白诗歌浮光掠影的商业解读,只是通过唐诗观察唐代经济社会的尝试,还有不少问题值得进一步探索研究,有兴趣的读者不妨一试。

推荐阅读

1. 郁贤皓:《李太白全集校注》,凤凰出版社 2016 年版。

2. 安旗等:《李白全集编年笺注》,中华书局 2015 年版。

3. 周勋初:《李白评传》,南京大学出版社 2005 年版。

4. 吴玉贵:《中国风俗通史(隋唐五代卷)》,上海文艺出版社 2001 年版。

5. 韩养民等:《中国民俗史(隋唐卷)》,人民出版社 2008 年版。

第九讲
"醉翁"欧阳修书简中的
商业秘密

　　北宋第三任皇帝宋真宗只有一个儿子,就是那个传说中刘贵妃用狸猫换来的太子。宋真宗很宝贝自己的独子,专门让素以正直闻名的鲁宗道担任太子教官。

　　鲁宗道家住在汴梁城宋门外的浴堂巷,京城著名的仁和酒店就在旁边。按老规矩,鲁宗道已经官居五品以上,是不能到酒店这种经营场所来消费的,但仁和酒店的酒可是京城一绝,鲁宗道经不住美酒的诱惑,经常偷偷跑来喝上几壶。

　　某日宋真宗要找鲁宗道商量事情,小太监跑到鲁宗道家传旨,恰好鲁宗道又偷偷溜到隔壁酒店喝酒了,过了半天才醉醺醺地回家。小太监就和鲁宗道商量,毕竟耽误了这么长时间,皇帝是一定会生气的,找个什么借口解释一下呢?最好先统一一下口径。鲁宗道说就照实汇报吧!他的原话是:"饮酒,人之常情;欺君,臣子之大罪也。"

　　见了宋真宗后,果然怪罪下来,鲁宗道是这样解释的:"我家里比较清贫,酒宴上使用的金银器皿根本置办不起。可是仁和酒店里'百物俱备',服务态度也好,让人有'宾至如归'的感觉。刚才恰好有老家的亲戚朋友来做客,我请他们到酒店里喝一顿,权当是接风了。我已经乔装打扮成普通老百姓了,酒店里的人不会认得我的。"宋真宗不是不讲道理的人,他用"下不为例"的方式原谅了鲁宗道,而且后来在自己已经头脑不清楚时,还念念不忘向独揽朝纲的刘皇后推荐鲁宗道。

这件事情是北宋大文豪欧阳修晚年记下来的,当时记在自己一部叫作《归田录》的笔记中。《归田录》还没有出版时就已经名声在外,以至于宋神宗专门派人找欧阳修索要这部书。欧阳修匆匆忙忙对《归田录》做了修订,删掉了不少涉及人事纷争的故事,那些保留下来的文字,实际上是欧阳修向宋神宗表达自己的政治理想——如果让他选择的话,他更愿意生活在怎样一个社会中?在那样的社会里,皇帝应该是怎样的皇帝,朝廷应该是怎样的朝廷,而大臣又应该是怎样的大臣?欧阳修这则鲁宗道的故事当然没有删,他正是借这个小故事告诉宋神宗,大臣应正直不欺,而皇帝要胸怀大度,这才是完美的政治生态。不过欧阳修没想到的是,鲁宗道的故事也透露出不少 11 世纪东京汴梁的商业秘密,开在居民区的著名酒店、"宾至如归"的消费体验、"百物俱备"的服务设施,已经足以让朝廷四品官员冒着违规的风险,与亲友在这里推杯换盏、大快朵颐了。

欧阳修名列唐宋八大家之中,他不仅写了《归田录》,还写了《居士集》《居士外集》《新五代史》等大部头的著作,可谓著作等身。这部小册子的最后一讲,笔者不想谈欧阳修那些代表作,而是关注欧阳修写给亲友故旧的七百多封书简。因为在我看来,这些九百多年前的书简中,隐藏着大宋王朝不少有趣的商业秘密。

　　研究商业史、商业文化，我们最常用的史料大都来自各种史书、方志，文人笔记往往也是案头必备。坊间刊行的各种商业文化史、制度史著作，对我们了解古代商业发展状况多有助益，这些成果构成商业史研究丛林中那些高大的树木，自然不容忽视。不过对偶尔到此丛林中看看风景的人来说，大树当然有大树的好，但怎能缺少了那开满遍地的野花呢？以制度史研究为例，成功的研究固然可以使我们准确地把握部分历史实相，不过历史脉络不会完全按照制度史的描述发展，它往往呈现出更复杂的形态。正是从这个角度考虑，我觉得古代商业史研究与其他学术研究相比，应更关注古人的衣食住行、柴米油盐，更多一些人间"烟火气"。书简为古代文人所常用，不同场合下使用的文体并不相同，那些常施于亲朋故旧间的书信短章，往往含有大量原生态历史信息，揆之常理，应可作为商业史研究之重要资料来源。北宋文人共有存世书简七千余通，其中欧阳修有七百多通，约占北宋书简存世总量的十分之一。欧阳修是北宋中期文坛和政坛的活跃人物，通过对他的七百多通书简的研读，我们可以对 11 世纪中叶文人消费情况有更加直观的了解。

一、北宋文人与茶

　　我们先看看茶在北宋文人日常消费中所扮演的角色。

中国种茶历史悠久,到北宋时期,茶已成为普通百姓必不可少的日常消费品。北宋京城汴梁是重要的茶叶消费市场,《东京梦华录》开篇即有东京"新声巧笑于柳陌花衢,按管调弦于茶坊酒肆"的记载,"茶坊"已是东京人休闲娱乐的重要去处。东京茶坊开门营业很早,往往"每五更点灯"。过了半夜,就算茶坊已经打烊,但街上依然有"提瓶卖茶者"(据《东京梦华录笺注》卷三)。宋代饮茶之风兴盛,李觏写于北宋宝元二年(1039 年)的《富国策》中有云"(茶叶)君子小人靡不嗜也,富贵贫贱靡不用也"。朝廷实行茶叶官卖制度,造成了不少社会问题和经济问题,李觏建议"官勿卖买,听其自为,而籍茶山之租,科商人之税"(《全宋文》卷九〇五)。到了北宋前期,茶已经和盐一样,成为人们日常生活中的大宗消费品,俗语中"柴米油盐酱醋茶"的说法,也始见于此时。宋人吴自牧《梦粱录》卷十六"鲞铺"记载:"杭州城内外,户口浩繁,州府广阔,遇坊巷桥门及隐僻去处,俱有铺席买卖。盖人家每日不可阙者,柴米油盐酱醋茶。"欧阳修较早提到茶叶的一通书简是写给"临池院主"的(《与临池院主》):

> 某启。小姪人还,曾附问,迩来暑毒安和。某今谋奉太君神枢南归,将遂相见。因小姪先行,奉此,不次。某书白。小师等各安。建茶二角表信。

这封信写于皇祐五年(1053 年)七月十六日。头一天欧阳修已由颍州出发扶护母亲灵枢归葬江西,他的侄子欧阳嗣立先行回乡处理相关事务,这通书简应该是让其代送的。笔者未暇细考"临池院主"的身份,但由书简"曾附问"来看,似是故乡某寺院住持。书简的主体部分是欧阳修礼貌地回复对方,并简要介绍自己的行程,笔者所关注的是最后一句"建茶二角表信",意思是让侄子给这位"院主"捎了两角"建茶"做礼物。

好友梅尧臣也曾把"建茗"当作礼物寄给欧阳修，欧阳修在回信中表达了谢意：

> 某启。自承在式告，兼以假故多，遂阻奉见。秋气稍凉，喜承体候清安。辱惠建茗，此诚近所难得，特为珍贶也。然莫妨待客否？恐彼阙，当却分纳一半也。原甫高论少抑，亦当不复较难，来日朝中，当面叙。人还，谨此为谢。某再拜。

此简作于嘉祐四年（1059 年）秋，这段时间欧阳修的文学活动特别活跃，他的名作《秋声赋》即完成于此时。梅尧臣和刘敞（字原甫）是欧阳修的重要文友，此年多有诗歌往还。大概就在写这通书简前后，梅尧臣还在家中设宴，邀请欧阳修、刘敞、范镇、江休复、韩维等当世知名文人会饮。欧阳修与梅尧臣之间常有互赠礼物之举，这次是梅尧臣送来"建茗"。由书简中的信息可知，在当时的东京汴梁，"建茗"算是比较高端的礼物，"难得""珍贶"云云，恐并非溢美之词。因珍稀而奉还一半，亦可见欧梅之友情深重。"建茶""建茗"，指出产于建州的茶叶。南北朝时期建州已经有茶叶种植，建州茶在唐朝已驰名天下，成为友朋间的馈赠佳品。到了宋朝，建州茶产量大增、品种繁多。据《杨文公谈苑》记载，11 世纪初建茶年产量已经达到三十多万斤，有"龙茶""凤茶""京挺的乳"等十个品种，其中"龙茶以供乘舆及赐执政亲王长主，余皇族学士将帅皆得凤茶，舍人近臣赐京挺的乳，馆阁白乳"。欧阳修在自己的文章《龙茶录后序》中写道：

> 茶为物之至精，而小团又其精者，录叙所谓上品龙茶者是也。盖自君谟始造而岁贡焉，仁宗尤所珍惜，虽辅相之臣未尝

辄赐。惟南郊大礼致斋之夕，中书、枢密院各四人共赐一饼，宫人剪金为龙凤花草贴其上。两府八家分割以归，不敢碾试，相家藏以为宝，时有佳客，出而传玩尔。至嘉祐七年，亲享明堂，斋夕，始人赐一饼，余亦忝预，至今藏之。

杨文公即杨亿（974—1020 年），其生活年代略早于欧阳修。宰执大臣从宋仁宗那里获赐的四分之一茶饼，应该就是所谓的"龙茶"，只是加工更加精致。欧阳修运气不错，等到他做参知政事（相当于副宰相）时，大概皇家的"龙团"存量多了起来，宋仁宗出手比较阔绰，不再让四个宰相分一饼"龙团"了，而是每人赏赐一饼。欧阳修在治平元年（1064 年）七月写下这篇《龙茶录后序》时，宋仁宗已经去世一年多了，以至于欧阳修"每一捧玩，清血交零"。这一时期，市面上应该已有所谓的"凤茶"供应，它不仅仅被当作皇家御赐给"皇族学士将帅"的专供品了。费县苏唐卿曾将欧阳修的著名散文《醉翁亭记》篆刻上石，欧阳修为此致书表示感谢，送给苏唐卿的礼物中即有"凤茶一斤"。比较有趣的是，宋仁宗只是对"小团"龙茶比较抠门，对其他品种的茶饼，赏赐起来还是比较大方的。同在治平元年（1064 年），欧阳修送给好友吴奎"赐茶数饼"，而且还颇为贴心地告诫其"不宜多饮"。这通书简见于《欧阳修全集》卷一百四十五，集中原题为《与吴正肃公（长文）十三通》，这个原题是古人搞错了。吴正肃为吴育，乃欧阳修姻亲，卒于嘉祐四年（1059 年）。这通写于 1064 年的书简是不可能寄给吴育的。吴奎，字长文，谥文肃，为欧阳修好友，卒于 1068 年，此书简其实是写给这位吴奎的。在使用古人书简当作商业史研究史料时，会经常碰到这样的小问题，如果不考辨清楚，会影响材料的可信度。给吴奎的书简里提到的"赐茶"，显然与前面所说的"小团"不同，"小团"能得到一饼已经是格外开恩，岂能有"数饼"可赐？老友连庠送来湖柑，欧阳修回赠的礼物也是"凤团数饼",没有说是"赐茶",应为于市场中购买或亲友相赠所得。笔者注意到,欧阳修在给蔡襄的书简中就提到接受过其馈赠的茶叶:

　　修启。承惠茶,独酌甚奇,但无佳客与共真赏,仍还空器,无以为报,并此怀惭尔。前时所余半圆饼,烹之绝佳,不类坐上烹者。疑喧静不同,致所得有深浅尔。兹事难为俗人道,不怪刀刀。修顿首。

文中的"刀刀"指"叨叨",即"啰里啰唆"的意思。蔡襄即宋代书法四大家"苏黄米蔡"中的那个"蔡";他是福建人,宋仁宗金贵得不得了的"小团",据说就是出自他的创意。蔡襄和欧阳修过从甚密,二人常有书信、礼物往还。上引书简即欧阳修得到蔡襄的赠茶后,专门写信致谢,同时向老友说了些"难为俗人道"的喝茶体会。蔡襄不仅懂书法,更是一个懂茶的人,出自他家的茶叶,质量至少不比普通的"赐茶"差。在另一通给蔡襄的书简里,欧阳修写到"辱惠新茶大饼,多年不曾得,其喜可知",这里所提到的"大饼",应为圆形茶饼,而上引书简中所提到的"前时所余半圆饼",应该是半圆形茶饼。造茶是宋代建茶生产的重要工序,即把已经碾成糊状的茶注入各种形状的茶模,压制成饼茶。从形状上而言,除了圆形、半圆形的茶饼外,还有椭圆形、梅花形、多边形等各种形状,这种茶叶在日常销售中常以"饼"为计量单位。宋代茶分为"片茶"和"散茶",建茶通常以"片茶"闻名,据《宋史》记载:"片茶蒸造,实棬摸中串之,唯建、剑则既蒸而研,编竹为格,置焙室中,最为精洁,他处不能造。有龙、凤、石乳、白乳之类十二等,以充岁贡及邦国之用。"(《宋史》卷第一百八十三)至于"散茶",则多出于淮南、归州、江南、荆湖等地。欧阳修书简中提到以"角""斤"为计量单位的建茶,极有可能是散茶。饼茶或许可以用斤两计之,但通常不大可能用"角"。"角",本是一种量器,《考工记·梓人》引《韩诗》云:"一升曰爵,二升曰觚,三升曰觯,四升曰角,五升曰散。"但从明清小说中的材料来看,"角"后来主要成为酒的计量单位,具体数量几何,我们并不清楚,但其以体积为计量,应无疑义。笔者由此推测,作为北宋名牌产品的建茶,在当时的南京(应天府,今河南商丘)或颍州市场上,可能已出现多样化的产品形态,不仅有片茶,也可能有散茶。

当时有个叫张洞的人,是欧阳修的老同僚,颇得欧阳修看重。后来张洞到著名文人晏殊手下工作,欧阳修与他多有书信往还。皇祐四年(1052年)冬天,张洞给欧阳修寄来了古碑文和当世著名画家徐道宁的山水画,都是欧阳修的心爱之物,欧阳修写信致谢,并寄上"紫瓯十只"(《新见欧阳修九十六篇书简笺注》之简六一)。"紫瓯"是一种紫砂茶具,紫砂壶在明清时期大行于世,现在更是创出天价,以至于有报道说真正的紫砂原料早已无处可觅。欧阳修书简和诗歌中都提到过"紫瓯",当时也算得上比较贵重的礼物,或许紫砂茶具正是在北宋兴起。欧阳修还得到过朋友陈力赠送的茶笼,他在书简中夸赞这个茶笼"所作极精至"(《与陈比部》之三)。由此可知,随着饮茶之风的盛行,那些与茶相关的附属产品,已经开始逐步在北宋文人间流行,其走向普通大众消费生活的日子,应该也不远了。

二、从"达头鱼"到"鸭脚子"

虽然被列为"开门七件事"之一,但茶似乎更得文人之青睐,唐宋文人留下了不少与茶有关的文学作品。除了茶以外的其他日常生活消费品,通常很难走入文人的写作视野——越是司空见惯的东西,越难以用文学方式来表达。唐诗宋词中满纸都是风花雪月,从中找到点油盐酱醋的"烟火气"却比较困难。要想真正了解人间烟火中的文人,其实并不是一件很容易的事,不过文人书简为我们近距离观察他们的日常生活提供了一个好视角。

我们先从食品说起吧。开封虽是个内陆城市,但水产供应并不缺乏。在欧阳修书简里,笔者注意到他提到了一种特殊的海味——"达头鱼"(《与梅圣俞》之三十三):

> 某启。阴雨累旬,不审体气如何? 北州人有致达头鱼者,素未尝闻其名,盖海鱼也。其味差可食,谨送少许,不足助盘飧,聊知异物尔。稍晴,便当书局奉见。

这通书简是欧阳修嘉祐年间写给梅尧臣的,随信奉送了少许"达头鱼"。欧阳修和梅尧臣还为此进行了诗歌唱和。根据欧阳修诗中小注,此达头鱼是"沧州向防御"送的,当时东京消费者不认识这种鱼。欧阳修后来写的《奉答圣俞达头鱼之作》诗云"干枯少滋味,治洗费炮炙",而梅尧臣也有一首《北州人有致达头鱼于永叔者素未闻其名盖海鱼也分以为遗聊知异物耳因感而成咏》,其中有云"枯鳞冒轻雪,灯俎为厚味"。从欧梅二人的诗歌往还来看,欧阳修得到的达头鱼应该已被制成干鱼,并非新鲜海货。据《东京梦华录》记载,东京汴梁的水产品市场比较兴旺,供应量足、价格便宜:"每日早惟新郑门、西水门、万胜门,如此生鱼有数千檐入门。冬月即黄河诸远处客鱼来,谓之'车鱼',每斤不上一百文。"不仅各种庖厨常用的鱼类应有尽有,甚至还专门供给宠物猫食用的小鱼。不过,笔者据欧阳修书简和诗歌所描述情况推断,至少在欧阳修生活的时代,由于长途运输的保鲜问题没有得到妥善解决,京城水产市场上少见海洋鱼类。大概正是由于这个原因,京城的达官贵人见到自东海捕到的鱼觉得非常好奇，就算干鱼的味道并不甚好，也要互相分享一下尝个新鲜，即书简中所谓的"聊知异物尔"。

那这种所谓的异物"达头鱼"到底是一种什么鱼呢？有人认为它即现在水产市场上常见的"大头鱼"，恐怕并不准确。如今常被用作食材的"大头鱼"，另有俗称"胖头鱼""花鲢""黑鲢"等，其学名为"鳙鱼"，是淡水鱼类，不大可能是欧阳修、梅尧臣食用的海鱼"达头鱼"。考察相关鱼类资料，笔者认为欧阳修所说的"达头鱼"，可能是一种名为"嘉鳀鱼"的海鱼，北宋庞元英在其《文昌杂录》卷二记载："登州有嘉鳀鱼，皮厚于羊，味胜鲈鳜，至春乃盛，他处则无。"庞元英为北宋名臣庞籍之子，生活年代为与欧阳修同时稍晚。嘉鳀鱼学名为"真鲷"，属鲈形目、鲷科。此鱼的主产区在黄海、渤海一带，沧州临近渤海湾，沧州向防御送给欧阳修的应该就是这种鱼。此鱼有多种俗称，清代同治《黄县志》卷三"食货志"记载："嘉鳀鱼，一名达头鱼，海鱼之最味美者，长尺余，阔四寸许。"由此可见，清代人把嘉鳀鱼叫作"达头鱼"。虽说这里记载的是清代黄县人对此鱼的称呼，但民间对某种食物的俗称往往比较稳定，这条材料即使不能说明全部问题，多少也算是解读北宋"达头鱼"的一条线索。明清以降，"达头鱼"往内陆地区销售渐成规模，鱼商通过有冷藏功能的"冰船"运送，比较成功地解决了长途运输的保鲜问题。不过这种保鲜运输方式在北宋时期恐尚未普及，即使像欧阳修这样的朝廷高官，也只能吃上点"干枯少滋味，治洗费炮炙"的干鱼了。

同样是来自"北州"的海产品，欧阳修对"车螯"的评价却颇高。嘉祐年间，好友王珪（字禹玉）曾赠送欧阳修车螯，欧阳修专门写信致谢（《新见欧阳修九十六篇书简笺注》之简七八）：

> 修启。适自外归，得手诲。承惠车螯，解释劳乏，当自引一杯。其余，俟三两日少间可烹，并伸感愧。人还，姑此为谢，

不宣。修再拜禹玉内翰。

书简中的"车螯"，即车螯。车螯是海蛤的一种，《本草纲目》"介部"第四十六卷记载，"（车螯）其壳色紫，璀璨如玉，斑点如花。海人以火炙之则壳开，取肉食之"。这种海产品进入东京市场的时间应该也在欧阳修时代，我们可以从欧阳修书简和诗歌中发现证据。嘉祐元年（1056 年），欧阳修第一次在京城吃上这种美味，当时这算得上是东京水产市场的新品种。那可不可能是东京早就有此物供应，而欧阳修恰恰是刚刚吃到呢？笔者认为不会是这样的。欧阳修此年有《初食车螯》一诗，他在诗中感叹天下一家，"岂惟贵公侯，闾巷饱鱼虾"，偏远之地的物产也能在京城见到。接下来他写道："此蛤今始至，其来何晚邪。"细读其诗意，并非京城水产市场早就有车螯供应，只是自己没有发现罢了，而是强调车螯在京城出现得太晚。虽然只是字里行间的细微差别，但对商业史研究而言却至关重要。大概在欧阳修的发动下，当时不少知名文人，如梅尧臣、王安石、韩绛等，也加入了歌咏车螯的文学创作活动。从欧阳修诗歌提供的信息来看，文人非常喜爱这种海产品："共食惟恐后，争先屡成哗。"可以想象当时众人争食的场景。车螯在东京消费群的认可度远远超过了"达头鱼"，一方面原因可能是此物的确美味，另一方面，或许与其经过长途运输依然能保持较高的存活率有关。物流保障的确是制约消费市场的重要条件，这是一个很有意思的商业史研究问题。

除了上述两种水产品外，欧阳修书简中提到亲友故旧间互相馈赠的水产品还有子鱼、鲍鱼、蟹等，以及鱼类的深加工产品——"鲊"。肉类食品中，驴肉和"熊白"也出现在馈赠礼品目录中。北宋时期，驴也属于畜力动物，并非食材，笔者未及做详细考证，揆之常理，大概也不是很容易得到的。至于"熊白"，《本草纲目》"兽部"

第五十一卷说是熊背上的脂肪，"色白如玉，味甚美。寒月则有，夏日则无"。如果这就是欧阳修书简中所说的"熊白"，那的确是一种比驴肉更珍贵难得的高端食品。欧阳修书简中提到的"熊白"和"鲊"，都是一个叫连庠的老友所赠的（《答连郎中二通》之二）。

我们再看看各种果类的市场供应。据《东京梦华录》，东京汴梁有专门的"果子行"，各种时鲜水果不难买到，友朋间以水果作为礼品互相馈赠，在东京也是比较盛行的。欧阳修书简中提到的馈赠水果有苏梨、湖柑等；农产品前冠以原产地名称，说明它们成为某一特定地域的品牌产品，已有较高的市场认可度。银杏、板栗、白蕈、新笋也是馈赠佳品，特别是银杏更加难得。《本草纲目》"果部"第三十卷记载银杏"原生江南，叶似鸭掌，因名鸭脚。宋初始入贡，改呼银杏，因其形似小杏而核色白也。今名白果"。宣城是银杏的重要产地，梅尧臣曾写过一首《鸭脚子》，其中有云："持之奉汉宫，百果不相压。非甘复非酸，淡苦众所狎。千里竞赍贡，何异贵争嗜。"至和元年（1054年），梅尧臣居宣城时，曾亲自摘了一百颗银杏给欧阳修寄来，欧阳修说此物"甚奇"。梅尧臣同时寄来一首《代书寄鸭脚子于都下亲友》，欧阳修不仅给梅尧臣回信致谢，还专门写了一首《梅尧臣寄银杏》诗，诗中有云"鸭脚虽百个，得之诚可珍"。"甚奇""可珍"云云，可见银杏在京城还算高端，并非大众消费品。

嘉祐元年（1056年），梅尧臣也来到东京，在欧阳修等人的推荐下担任国子监直讲。嘉祐二年（1057年）秋，欧阳修从驸马李遵勖家里得到了一些银杏，分赠给梅尧臣，梅尧臣为此写了一首《永叔内翰遗李太傅家新生鸭脚》，其中有云"吾乡宣城郡，每以此为劳，种树三十年，结子防山猱，剥核手无肤，持置宫省曹"；此诗与他至和元年（1054年）的《鸭脚子》诗同参，我们可以确定至少在梅尧臣、欧阳修生活的时代，宣城是向皇宫供奉银杏的重要生产地。银杏本为江南之物,并不适合江北种植,李家移植银杏之初,每年只能收获几个银杏果,年岁久了才最终实现"累累枝上稠"。欧阳修由银杏树在江北地区栽培成功,预计将来市场供应必然增多,到了那时节,市面上的银杏价格就会降低。这就像当年原产西域的葡萄、石榴一样,刚刚被引进中原时,价格也是非常昂贵的,但是"今也遍中国,篱根及墙头",这些水果已经很常见了,价格自然便宜了。欧阳修对自己和梅尧臣的银杏酬唱诗非常看重,"是亦史官法,岂徒续君讴"云云,是把诗歌当作历史记录来看的。事实证明,欧阳修的预期没有落空,二人的唱和诗称得上是有关银杏栽培史的重要史料。北宋时期,银杏尚属珍稀产品,市场上的供应量不大。到了南宋,银杏已逐渐走入普通人的消费生活,文人作品中也常见对银杏的描写。南宋人王继先的《绍兴本草校注》中也新添"银杏"词条,银杏的药用价值得到了宋人的认可。

除了"达头鱼""鸭脚子"这类透露出文人日常消费新动态的食品外,欧阳修书简中还提到了大量其他日常消费品,如花烛、酒、粗细米等,甚至洛阳花、山泉水这种运输难度较大的物品,也可以被当作馈赠佳品。据欧阳修书简,最早寄水的记录在嘉祐二年(1057年),时任庐州知州的李端愿给欧阳修寄"八功德水"。庐州离京城有近千里之遥,寄水之事竟然亦可达成,虽然这并非寻常之事,但也或多或少反映了北宋物流运输水平的提高。

三、文房四宝

以上我们讨论的是与餐饮有关的日常消费品,这的确是充满了人间"烟火气"的话题。学界通常认为北宋是典型的文人社会,那文人消费有没有独特之处呢?

细读欧阳修的书简,笔者发现除了世俗生活中的"柴米油盐酱醋茶"之外,他书简中谈得最多的就是文房四宝。早在唐朝,文人就喜欢将书房称为"文房",韩愈在他的奇文《毛颖传》中,以"四友"称笔、墨、纸、砚。不过,这四种文人常用之物真正成为消费市场的新宠,还是在北宋时期。宋初名臣苏易简撰写的《文房四谱》,是中国最早一部总述笔、墨、纸、砚的谱录。他在书中介绍了文房四宝的产生发展和相关制造工艺,记录了大量相关的文学作品,都可作为商业文化史研究资料。欧阳修生活的年代略晚于苏易简,彼时整个社会的尚文之风更加浓厚。我们看下面这通书简:

> 某启。前已辱书,谓已西行,故未及附问。适又人至,承惠诲,多荷多荷。某自夏秋老儿不安,调理方似平愈。偶一小婴沉剧,因此惊忧,又却发动,方营理,未暇他事。足下入临淄慔,送诗不敢草草,续附上。某亦临淄门生,乐为诗也。墨竹、建茗皆佳物,铭佩铭佩。渐远,千万珍爱。忙挠中,不子细。某再拜机宜推官。南都鲜嘉物为答,笔数十枚,起草可也。

这封写给老友张洞的书简出自日本新见欧阳修九十六通书简,写于皇祐三年(1051年)初秋,欧阳修向张洞介绍了家里的情况——老母微恙、小儿病重,家事一地鸡毛。即便如此,他还是认真修改了给张洞的送行诗。之所以"不敢草草",是因为张洞此时的上司正是自己当年的座师晏殊。晏殊神童出身、文坛翘楚,受到两朝皇帝的重用,虽然此时欧阳修也算得上名满天下,但心高气傲的晏殊很少拿正眼瞧这位"明星"学生,这让欧阳修更加紧张,唯恐诗歌写得不好,不免再遭老师蔑视。张洞给欧阳修寄来的礼物是墨竹、建茗,而欧阳修回赠的是"南都鲜嘉物"和"笔数十枚"。北宋时期的所谓"南都",即当时的"南京",现在的河南商丘。写这通书简时,欧阳修正担任着知应天府、兼南京留守司事的职务。至于送了张洞何种"鲜嘉物",我们并不清楚,大约也是时鲜果蔬一类的食品,倒是"笔数十枚"比较确凿。毛笔易损,通常用量较大,所以欧阳修一赠就是数十支。欧阳修在书简中所云"起草可也",意思是让对方当练字用的,登不了大雅之堂。但这都是文人客套之语,出自大文豪所赠,又产自大宋南京,想来质量总不会差到只配用来"起草"的地步。

其实送笔的数量达到"数十枚",还并不是欧阳修的最高纪录,他熙宁四年(1071 年)在给学生曾巩的书简(《与曾舍人四通》之三)中写道:

> 某自归里舍,以杜门罕接人事,少便奉书。中间尝见运盐王郎中,得问动静,兼承传诲。近又闻曾少违和。急足至,辱书,喜遂已康裕,甚慰甚慰。某秋冬来,目、足粗可勉强,第渴淋不少减,老年衰病常理,不足怪也。余在别纸。某白。见论乞颍且止,亦佳,此时尤宜安静为得理也。惠碑文,皆佳,多荷多荷。常笔百枚表信,不罪不罪。

曾巩也是唐宋八大家之一,中进士前从学于欧阳修。欧阳修熙宁四年(1071 年)六月退休,七月归颍州养老,这通书简正写于归颍后,"秋冬"云云,可知此简写于本年岁末。欧阳修在信中向学生介绍了自己退休后的生活,提到自己的"渴淋"病比较严重。曾巩寄来他最喜欢的古碑文,他回赠的是"常笔百枚",这个数量比他当年赠给张洞的还要多,"常笔"云云,大约也是自谦。由此两例可见,毛笔被当作礼物馈赠友人,动辄就是几十支、上百支,文人消费毛笔的数量的确不在小数。《东京梦华录》里只记载了一处笔庄——大相国寺的赵文秀笔,想来生意应颇为红火。

虽然欧阳修自谦赠给友朋的笔多为常品，但文房四宝中的其他三件，出现在欧阳修书简中的却往往都是"名牌"。我们先看大书法家蔡襄赠送给欧阳修的墨与砚：

> 某启。辱惠樱宁翁墨，多荷多荷。佳物诚为难得，然比他人，尚少其二。幽斋隙寂时，点弄笔砚，殊赖于斯，虽多无厌也。烦聒，计不为嫌矣。诸留面叙。
>
> ——《与蔡忠惠公三通》之一
>
> 某启。前夕承惠红丝砚，诚发墨，若谓胜端石，则恐过论。然其制作甚精，真为几格间佳物也。昨日以有文书，不敢致简为谢。李敫还，又承惠水清泉香饼数十枚，聊报厚贶。吾侪日以此等物为事，更老，应当澹死租庸，遂更作一程。无由频面，聊当一笑。欧阳修顿首白三司给事。
>
> ——《与蔡忠惠公三通》之二

在第一通书简中，欧阳修提到蔡襄赠送的是"樱宁翁墨"。笔者未考出此墨到底为何地何人所制，不过产品前冠以地名或人名，往往并非凡品，"佳物诚为难得"当非虚言。只是这种墨不见于宋人文房谱录，即使在蔡襄本人的文集中，也没有相关记录，或许这是当时出现的一种新品，没有在东京市场上流行。从书简中的文意来看，蔡襄广结善缘，京城朋友圈里不少人都得到了他所赠送的"樱宁翁墨"。但是不知出于何种原因，他送给好友欧阳修的反而比别人少了两块，这引起了欧阳修心理不平衡。欧阳修在回书致谢时，特意表达了自己"贪多务得"的心思，"幽斋隙寂时，点弄笔砚，殊赖于斯，虽多无厌也"，意思是自己工作之余，就喜欢写写画画，此墨对自己很重要，请无论如何再赠送几块。文友间相处融洽之情，跃然纸上。

在第二通书简中,欧阳修提到了蔡襄赠送给他的"红丝砚"。"红丝砚"是产于山东青州的一种石砚。蔡襄收藏有红丝砚,他在《文房杂评》(《全宋文》卷一○一六)中专门分析了红丝砚为何优于端砚:

> 唐彦猷作红丝石砚,自第为天下第一,黜端岩而下之。论者深爱端岩,莫肯从其说。予尝求其所以胜之理,曰:墨,黑物也,施于紫石则昧暧不明,在黄红自现其色,一也。研墨如漆,石有脂脉,助墨光,二也。研必用水,虽先饮之,何研之差?故为天下第一。东州可谓多奇石,红丝、黑角、黄玉、褐色凡四种,皆可作研,而黑角尤精,出于近日,极有佳趣。端岩龙尾不得独步于当世,其理然也。

文中提到的唐彦猷即唐询,是北宋鉴赏笔墨纸砚的高手,此人雅好收藏名砚,著有《砚录》三卷。家有客人拜访时,他总是喜欢把自己的藏品拿出来炫一炫。蔡、唐都是当世名家,蔡襄所谓的"论者"当包括欧阳修。欧阳修对砚也颇有研究,他有一篇《砚谱》,专门讨论了各地名砚的特点、优劣,其中谈到了红丝砚:

> 红丝石砚者,君谟赠余,云此青州石也,得之唐彦猷。云须饮以水使足,乃可用,不然渴燥。彦猷甚奇此砚,以为发墨不减端石。君谟又言,端石莹润,惟有铓者尤发墨;歙石多铓,惟腻理者特佳,盖物之奇者必异其类也。

"君谟"是蔡襄的字,他和唐询所推崇的红丝砚在欧阳修看来的确不错,不过唐询评价其"发墨不减端石",欧阳修却认为"则恐过论"。欧阳修是谦谦君子,这种仁者见仁的看法只是在书简里与同好私下交流，并没有在《砚谱》这样的文章中公开发表。书简能更真实地反映作者的想法和生活情态，诚不虚言。欧阳修与文友在书简中探讨文具产品质量，也从侧面反映了北宋文具市场的繁荣。

蔡襄在《文房杂评》中提到的"端岩龙尾"，也是当时非常流行的文房用具。欧阳修在送给费县苏唐卿的礼物中，即有"旧用龙尾砚一枚"。除了这些名砚之外，欧阳修书简中还出现过"歙墨""宣笔""澄心纸"等当时的大牌产品。值得注意的是，欧阳修甚至会对某些产品做"用户体验"式反馈，如嘉祐二年（1057年）给好友刘敞的书简中，他抱怨"蜀素"不堪书写（《与刘侍读》之二）：

> 某启。前承示以蜀素，俾写《孝经》一章，书之，墨不能染。寻将家所有者试之，亦然。遽命工匠治之，终不堪用，岂其未得其法邪？幸令善工精治之，使受墨可书，当为污以恶书也。纠察题名，不罪。以闲事聒耳，皇恐皇恐。

"蜀素"应是指四川织造的一种白色生绢，通常可以用作高端书写材料。刘敞送来"蜀素"请欧阳修抄经，不知为何这批纸不上墨，无法用来书写。欧阳修试了自己家中的"蜀素"，也写不上字。在接下来的一通书简中，欧阳修说"纳还"了刘敞的"蜀素"，自己倒贴"澄心纸"为刘敞抄经。"澄心纸"即"澄心堂纸"，是当时特别受文人欢迎的纸，欧阳修、梅尧臣等著名文人有不少诗文写到这种纸。看来作为书写材料，即使"蜀素"美名远扬，但终究比不过纸张中的名牌"澄心堂纸"更加靠谱。

以上是笔者根据欧阳修书简中的相关信息，对北宋精英文人日常消费所做的粗略考察。其实古代不少材料可用作商业史研究。近年来，以文人诗词为研究资料进行商业史、商业文化研究，颇取得了一些研究成果,但存世文人书简似乎并没有引起商业史家的重视。从文人通常不用于公共传播的私人书简入手,以古代消费者的视角观察彼时的消费品市场,有助于我们更好地切入历史语境,了解当时商品经济发展的细部情况,增添商业史、商业文化研究的人间"烟火气"。

推荐阅读

1. 欧阳修撰,李逸安校点:《欧阳修全集》,中华书局 2001 年版。

2. 欧阳修撰,洪本健校笺:《欧阳修诗文集校笺》,上海古籍出版社 2009 年版。

3. 王水照、崔铭:《欧阳修传》,人民文学出版社 2019 年版。

4. 程民生:《宋代物价研究》,人民出版社 2008 年版。

5. 李强:《红袖添香夜读书:大宋文人往事》,人民文学出版社 2016 年版。

后记　当你老了

　　书稿即将完成的时候，那位拄着拐杖的老妇人走了进来。

　　电视里正反复重播中国女排连胜十一场的比赛录像，父亲没完没了地看，每次都像看直播那么投入。我在临时支起来的书桌前改着稿子，累了则写几张毛笔字孤芳自赏一下。就是在这个时候，那位拄着拐杖的老妇人走了进来——这是她第三次进来了。

　　老妇人约莫八十多岁，脸庞略显清瘦，灰白的头发梳得一丝不苟，衣服也穿得干干净净，这与养老院中大部分老人邋里邋遢的样子不同。她是前天被女儿送到这家养老院的，女儿当然是孝顺的孩子，但也是六十多岁的人了，还要在家里带两个孙子，实在是筋疲力尽了。前天老妇人第一次走进我和父亲的房间时，我正坐在书桌前写字，她因打扰到我而满脸堆起歉意的笑，那神态像是一个做错了事情的孩子。你是医生吗？这是她对我说的第一句话，声音是那样轻，仿佛一阵细微的风就能吹散。昨天她又走进来，依然是那身干干净净的衣服，头发梳得纹丝不动，脸上也还是那因有求于人而略显卑微的笑。这次她问的是，你能给我开点药吗？

　　今天是她第三次进来了。看见她满面笑容地走向我，我赶紧起身迎上去。她还没来得及开口问我什么，我抢先对她说，抱歉啊，我不是医生，我爸爸也不是医生。要不你去找养老院的服务员问问？老妇人略为惊讶地看着我，仿佛我是一个奇怪的人，在谈论一些与她毫不相干的事情，不过她脸上依然堆着礼貌的笑容——那些笑容仿佛是岁月沉淀在她脸上的，风也吹不走，雨也冲不走。

她安静地等我说完，然后轻声问我，你看见我闺女了吗？

我们终将老去。老去的我们会把一生中最美好的记忆带进风烛残年，也必定有一些值得珍藏的往事无从收拾、随风飘散。有时候我们能选择，有时候我们不能。当我们老了，我们还会记得起那些曾经阳光灿烂、春暖花开的日子吗？那些日子就算全然被忘却，也会在我们的心窝最深处，留下温暖的印记。

我不知道医生、药和女儿对这位患重度阿尔茨海默病的老妇人意味着什么，那些一定是她心底最深刻的记忆。对于我，这部写成于父亲身边的小书，则是我的医生、我的药、我的女儿。我希望当我老了，站在岁月之河的尽头，我也会如此清晰地念起在父亲身边的每个日子，念起那位就算忘却了整个世界，也依然挂念着自己女儿的老妇人。

己亥秋日初稿于沪上听雨小筑

己亥冬日定稿于上商天鹅湖边

图书在版编目(CIP)数据

中国商业文化简史/李强著. —北京：商务印书
馆,2021
ISBN 978－7－100－19434－1

Ⅰ.①中...　Ⅱ.①李...　Ⅲ.①商业史—中国—古代
Ⅳ.①F729.2

中国版本图书馆 CIP 数据核字(2021)第 023322 号

权利保留，侵权必究。

中国商业文化简史

李　强　著

商　务　印　书　馆　出　版
（北京王府井大街36号　邮政编码100710）
商　务　印　书　馆　发　行
苏州市越洋印刷有限公司印刷
ISBN 978－7－100－19434－1

2021 年 10 月第 1 版　　　　开本 640×960　1/16
2021 年 10 月第 1 次印刷　　　印张 13 3/4
定价：52.00 元